C.-L. Guillemet

Témoignages Spiritualistes

DES

Plus Grands Savants · ·
· · · · · · · · · du XIXᵉ Siècle

LIBRAIRIE
A. HATIER

TEMOIGNAGES SPIRITUALISTES

DES

DES PLUS GRANDS SAVANTS DU XIXᵉ SIÈCLE

Prix : 80 centimes.

Témoignages Spiritualistes

DES

PLUS GRANDS SAVANTS DU XIXᵉ SIÈCLE

PAR

L'Abbé C.-L. GUILLEMET

Ancien Professeur de Biologie au Séminaire d'Issy,
Ancien Conférencier de Biologie à l'Institut Catholique de Paris.

« Les vérités impérissables de la philosophie spiritualiste...
... La source même de la science la plus pure. »

LE VERRIER.

PARIS

LIBRAIRIE A. HATIER

33, Quai des Grands-Augustins, 33

—

1904

PRÉFACE

Chacun doit, pour son propre compte, résoudre le problème des destinées de l'homme.

Pour notre part, au cours de trente-sept années d'étude et d'enseignement des sciences, nous avons confronté journellement les données de la *Science* et de la *Foi*, afin de trancher en notre conscience la question grave entre toutes de leur accord ou de leur conflit. Nous avons reconnu avec évidence que, si l'on s'en tient aux certitudes de l'une et de l'autre, l'accord entre leurs enseignements est facile, et qu'elles se renvoient mutuellement des clartés splendides.

En peut-il être autrement puisque c'est le même Verbe de Dieu qui illumine notre raison (1) et inspire notre foi ?

Il nous a été doux de rencontrer un appui dans les témoignages des plus dignes représentants de la Science. On verra en effet, par les citations qui vont suivre, que les plus grands savants de notre siècle ont été croyants comme leurs devanciers et ont confessé hautement l'existence de Dieu et des âmes.

S'il y a des savants athées et matérialistes, ils le sont, non de par la science, mais pour des raisons personnelles. Tel par exemple vit enfermé dans une spécialité et perd de vue l'ensemble. Un autre méconnait les méthodes qui ne lui sont pas familières ou refuse d'aborder certains domaines.

---

(1) Ratio est participatio quædam luminis divini. (*Saint Thomas d'Aquin*). — Verbum... erat lux vera quæ illuminat omnem hominem venientem in hunc mundum. (*Jean. Ev. I, 9*).

Nous ne parlerons pas des raisons morales, quoiqu'elles existent pour tout le monde.

Quant à nous qui trouvons la vie terrestre trop brève et trop douloureuse pour être autre chose qu'un acheminement, vivons comme s'il y avait un Dieu et comme si notre âme libre lui devait des comptes, ne refusons aucune lumière, appliquons à chaque problème sa méthode propre, attachons du prix au témoignage des hommes vertueux, et nous n'aurons pas plus de peine que l'enfant à *sentir* la vérité.

Aimons notre siècle et ses progrès, mais gardons-lui l'âme généreuse du passé, ses élans, sa foi, ses espérances.

Victor Hugo écrivait, un jour de recueillement :

> Malgré tous ces progrès dont notre âge se vante,
> Malgré ce grand éclat d'un siècle éblouissant,
> Une chose en secret, ô Jésus, m'épouvante :
> C'est l'écho de ta voix qui va s'affaiblissant !

Or, avouons-le, que servirait à l'homme de connaître le monde entier, s'il méconnaissait sa propre âme et le Dieu qui la jugera ?

C. L. G.

TÉMOIGNAGES SPIRITUALISTES

des Savants du XIXe Siècle

INTRODUCTION

Adolphe Thiers (1), l'historien-homme d'état, premier président de la troisième République française, disait :

Le matérialisme est une sottise en même temps qu'un péril... Pour moi, je suis un spiritualiste passionné, et si j'avais plus de temps et de forces, je voudrais *confondre le matérialisme au nom de la science et du bon sens* » (2).

Il semble que cette réfutation existe déjà toute rédigée dans les écrits et témoignages des savants

---

(1) Voltairien dans sa jeunesse, Ad. Thiers était revenu par la réflexion et l'étude à de meilleurs sentiments. Devant les merveilles de la nature, il confessait la nécessité d'un *Ordonnateur*. — Il aimait à dire : « le monde est le résultat d'un calcul, donc il faut un *calculateur*. » — Aux heures douloureuses de 1870-71, il pria. « Il faut prier, disait-il, parce que dans les désastres des nations, quand tout semble humainement perdu et qu'on ne voit pas d'où peut venir le secours, on sent bien que c'est Dieu qui mène le monde. » (*La Quinzaine*).

(2) Chef-d'œuvre des Prosateurs du XIXe siècle. — Tissot et Collas, Paris, Delagrave, p. 557.

les plus distingués de toutes les époques. Mais elle
est éparse: qui entreprendra d'en rapprocher les
éléments?

Nous croyons apporter une pierre utile à l'édifice
en transcrivant ici de beaux fragments recueillis
au cours de nos lectures. C'est un défilé de témoins
que nous allons entendre, témoins choisis parmi les
plus compétents et les plus recommandables par
leur caractère.

Nous n'interrogerons que les savants de notre
siècle, le dix-neuvième, soi-disant le « *siècle des
lumières* » et, spécialement parmi eux, ceux qui
ont fait la philosophie de leur spécialité. Nos sour-
ces principales seront les Mémoires de l'Académie
des Sciences et les publications de ses membres.

Les Astronomes parleront d'abord, puis les Physiciens et les Chimistes, enfin les Naturalistes. Au
surplus voici leurs noms :

I

Astronomes Mathématiciens et observateurs.

II

Princes de la Physique et de la Chimie.

III

Grands Naturalistes du XIXᵉ siècle.

I

ASTRONOMES MATHÉMATICIENS

LAPLACE

SA FIN CHRÉTIENNE

Au seuil des temps modernes, Newton avait dit :
« Cet admirable arrangement du soleil, des planètes
et des comètes ne peut être que l'ouvrage d'un
Etre Intelligent et Tout-Puissant. »

Mais Newton et Euler, n'ayant pu résoudre certaines difficultés de théorie, en avaient conclu
qu'une intervention spéciale du Créateur serait œ
loin en loin nécessaire pour prévenir ou réparer le
trouble que le temps aura causé. Laplace (1), venant
après eux, vit mieux ce qui se cachait derrière les
équations; il y découvrit une cause de réparation

---

(1) Pierre Simon, marquis de Laplace, fils d'un pauvre culti-
vateur, fut élevé par les Bénédictins de Beaumont (Calvados)
son village natal. Il enseigna les mathématiques dans leur école
militaire, porta le petit collet et ne le quitta qu'à la suggestion
de d'Alembert, pour professer à l'*Ecole Militaire* de Paris.

automatique, qui raffermit le monde, sinon sur ses bases, du moins dans l'imagination mal rassurée des théoriciens.

C'est là l'origine d'une fausse opinion qu'on a répandue et exploitée contre la Foi, à savoir que Laplace s'était prononcé contre la nécessité de Dieu dans l'Univers. Voici ce qu'il a écrit réellement :

« L'arrangement des corps célestes ne peut-il
« pas être un effet des lois du mouvement, et la
« *Suprême Intelligence que Newton fait inter-*
« *venir ne peut-elle pas l'avoir fait dépendre d'un*
« *phénomène plus général ?* Tel serait, selon nous,
« celui d'une matière nébuleuse éparse dans l'im-
« mensité des cieux. » (1).

Ainsi Laplace ne niait pas Dieu (2), mais il montrait le mécanisme. céleste plus parfait qu'on ne l'avait supposé et pourvu d'organes à correction automatique. « Il eut cependant le tort, remarque J. Fabre d'Envieu (*Origines*, p. 377), de ne pas faire assez ressortir que son système implique un Dieu créateur des éléments et auteur de toute la mécanique céleste. » Kant, le philosophe, avait confessé le Créateur dans sa cosmogonie demeurée classique en Allemagne. Mais Laplace écrivant en pleine *Terreur* son « *Exposition du système du monde* » et, plus tard, la présentant au Conseil des Cinq cents (1796), ne jugea pas opportun, bon Normand qu'il était, d'y insérer des phrases compromettantes. Quand l'ordre et la sécurité furent

---

(1) Expos. du Syst. du monde (Préface de la Mécanique Céleste).
(2) Au contraire, quand Etienne Geoffroy Saint-Hilaire parla devant l'Académie des Sciences de *l'unité de composition* des êtres vivants, preuve de l'unité de leur Auteur, ce fut le mathématicien Laplace qui vint lui dire : « Vous pensez comme Newton. »

rétablis, il n'usa plus de la même réserve (1); et quand sonna l'heure d'aller rendre ses comptes au Maître Souverain, il fit appel à la religion qui avait protégé son enfance et instruit sa jeunesse. Il manda donc près de son lit de mort le curé d'Arcueil sa paroisse (2). Son savant confrère, le baron Fourier, secrétaire perpétuel de l'Académie des sciences, l'assistait en sa dernière maladie. Il nous a assuré que l'illustre astronome se préoccupait de faire effacer de ses biographies certaine historiette où on lui prêtait calomnieusement un propos équivoque et de couleur athée.

Dans les dernières années de sa vie et à l'heure suprême, Laplace, jugeant à sa valeur la science humaine, répondait aux complimenteurs: « Ce que nous savons est peu de chose; ce que nous ignorons est immense. » (Eloges historiques de l'Acad. des Sciences.)

---

(1) Etant chancelier du Sénat, sous le premier Empire, Laplace entra un jour avec M. Lair dans l'église N.-D. (auj. Saint-Sauveur) de Caen. Il s'approcha du curé qui faisait le catéchisme et lui demanda la grâce d'un enfant en pénitence. « J'ai porté « autrefois le surplis dans cette église, dit-il; *au nom de ce sou-* « *venir*, qui m'est cher, je vous demande la grâce de ce petit « garçon. » (L. Puiseux, Disc. à l'Acad. de Caen, p. 62).

(2) Cf. L. Puiseux, ibidem, p. 64. — Les funérailles furent célébrées dans l'église des Missions Etrangères à Paris (7 mars 1827).

Urbain LE VERRIER

DIRECTEUR DE L'OBSERVATOIRE DE PARIS

Le plus grand nom de l'astronomie au XIXe siècle, après celui de Laplace, est le nom de Le Verrier. Ce savant capable de découvrir une planète par le calcul, a « porté l'habileté jusqu'au génie dans les méthodes astronomiques... son œuvre restera tout entière. » (J. Bertrand, de l'Institut). Si l'on veut sa valeur scientifique et son caractère moral, il faut s'édifier sur sa valeur scientifique et son caractère moral, il faut lire les discours vibrants prononcés sur sa tombe par les Académiciens J.-B. Dumas, J. Bertrand, Y. Villarceau, Tresca, Faye, Janssen (C. R. Acad. de 1887 2e sér. t. 95). On y trouvera notamment ces lignes de M. Tresca : « On n'apprendra pas sans émotion, peut-être, que l'étude du ciel et la foi scientifique n'avaient fait que consolider, en ce savant illustre avant l'âge, la foi vive du chrétien. Sa fin est un exemple qui sera donné de bien haut à la conscience publique et à la moralité de notre époque. » (Loc. cit. p. 589).

Peu de temps avant sa mort, l'illustre astronome présentant à l'Académie des sciences les derniers fascicules de ses immortelles « *Recherches Astronomiques* », en prit occasion pour faire une profession de foi spiritualiste, sorte de testament scientifique. Il s'exprima ainsi, au milieu d'un silence solennel : « Durant cette longue entreprise, poursuivie pendant 35 années, *nous avons eu besoin d'être soutenu par le spectacle d'une des plus grandes œuvres de la Création, et par la pensée qu'elles affermissaient en nous les vérités impéris-*

sables de la philosophie spiritualiste. C'est donc avec émotion que nous avons entendu, dans la dernière séance de l'Académie française (1), notre illustre Secrétaire perpétuel affirmer *les grands principes qui sont la source même de la science la plus pure.* Cette haute manifestation restera un honneur et une force pour la science française. Je m'estime heureux que l'occasion se soit présentée de la relever au sein de notre Académie et de lui donner une cordiale adhésion ». (Cf. C. R. Acad. Sc. 5 juin 1876).

Hervé FAYE

DE L'INSTITUT

M. Hervé Faye, de l'Institut, professeur d'astronomie à l'Ecole Polytechnique, a fait d'importantes corrections aux théories de Laplace On les trouvera exposées dans son ouvrage intitulé: « *Origine du Monde* ».

C'est là qu'on pourra lire cette chaude profession de foi :

« Il y a autre chose que la terre, autre chose que notre corps, autre chose que les astres splen-

(1) Allusion au Discours de réception de J.-B. Dumas à l'Académie française le 1" juin 1876, où, avec une éloquence émue et comme inspirée, l'auteur de la *Philosophie chimique* défendit le spiritualisme en faisant l'éloge de M. F. Guizot son prédécesseur. L'impression avait été extraordinaire; la profession de foi spiritualiste et chrétienne de ce représentant autorisé de la science, faite en termes mesurés et fermes, nobles et solennels, souleva les applaudissements enthousiastes de l'auditoire. (Voir plus loin : *Témoignage des Savants chimistes :* J.-B. Dumas, p. 44.)

dides: il y a l'intelligence et la pensée (1). Et
comme notre intelligence ne s'est pas faite elle-
même, il doit exister dans le monde une Intelligence supérieure d'où la nôtre dérive. Plus l'idée
qu'on se fera de cette Intelligence suprême sera
grande, plus elle approchera de la vérité. Nous ne
risquons pas de nous tromper en la considérant
comme l'auteur de toutes choses, en reportant à
Elle ces splendeurs des cieux qui ont éveillé nôtre
pensée, en croyant que nous ne lui sommes ni
étrangers ni indifférents, et finalement nous voilà
tout préparés à comprendre et accepter la formule
traditionnelle : *Dieu, Père tout-puissant, Créateur
du ciel et de la terre.*

« Nier Dieu?... *Il est faux que la Science ait
jamais abouti d'elle-même à cette négation* ».
(H. Faye. — Orig. du Monde — 2e éd. p. 3 et 4).

Et plus loin : « On a beau dire que l'univers est
une série indéfinie de transformations, que ce que
nous voyons résulte logiquement d'un état anté-
rieur, et ainsi de suite dans le passé comme dans
l'avenir, nous ne voyons pas comment un état anté-
rieur aurait pu aboutir à l'immense diffusion de la
matière, au chaos d'où est sorti l'état actuel. Il faut
donc ici débuter par une hypothèse et demander à
Dieu, comme le fait Descartes (2), la matière dis-
séminée et les forces qui la régissent ». (Id. ibid.
p. 257-258).

(1) On connaît le mot célèbre d'Anaxagore : « Tout était
confondu dans le chaos, mais une Intelligence sépara toutes
choses et créa l'ordre. »
(2) Et Kant également.

Constant WOLF

DE L'INSTITUT

M. Constant Wolf, de l'Institut et de l'Observatoire de Paris, a donné une traduction du mémoire de Kant et l'a jugé dans ses « *Hypothèses cosmogoniques* » (Paris, 1886), comparativement aux vues de Laplace et de M. H. Faye. Incidemment, il rend là aux croyances spiritualistes un hommage modeste qui est une adhésion raisonnée et motivée, dont nous tenons à relever ici le témoignage, malgré la forme inachevée ou même implicite qu'il revêt.

« Une hypothèse cosmogonique, dit-il, devrait, pour être complète, prendre *la matière à l'état primitif où elle est sortie des mains du Créateur, avec ses propriétés et ses lois*, et, par l'application des principes de la mécanique, en faire surgir l'univers entier tel qu'il existe aujourd'hui... sauf pour ce qui est de l'évolution de la vie à leur surface ». (Loc. cit. — Introd. p. 1).

« A Kant revient (l'honneur) d'avoir le premier considéré *le chaos sorti des mains du Créateur* comme comprenant à l'état de dissociation et de diffusion extrêmes tous les éléments des mondes futurs ». (Ibid. p. VI).

« A Kant revient l'honneur d'avoir introduit l'idée d'un chaos nébuleux, d'où un développement purement mécanique (1), fait sortir l'univers avec

(1) Nous citons les auteurs pour leurs affirmations spiritualistes sans donner caution pour l'absolue correction de leurs formules philosophiques ou même scientifiques. Ici, par exemple, au « développement purement mécanique en vertu de lois préétablies » on pourrait objecter que les *lois* ne peuvent rien produire par-elles-mêmes, n'étant que les formules de l'action des *forces*. Montrons les forces en action, et ne parlons des lois que pour formuler cette action; ce sera le moyen de réduire à néant beaucoup de sophismes.

sa magnifique ordonnance et son admirable régula-rité, en vertu de lois préétablies par la souveraine sagesse du Créateur ». (Ibid. p. VIII).

La profession de foi devient parfaitement expli-cite à la page suivante, où on lit : « *Nos tentatives cosmogoniques n'ébranlent en rien la démonstra-tion de l'existence de Dieu tirée des merveilles du ciel ».* (Ibid. p. IX).

Jean-Baptiste BIOT

DES TROIS ACADÉMIES.

(1774-1862)

Ce savant laborieux a appliqué ses connaissances mathématiques aux mesures astronomiques et aux sciences physiques. En 1809, il fut nommé profes-seur d'astronomie physique à la Sorbonne de Paris. Sans être transcendant comme tel de ceux qui ont cherché à le déprécier et dont la jalousie était après tout un hommage à son talent, Biot a fait progres-ser sur nombre de points la science. Il l'aimait d'ailleurs passionnément pour elle-même, alors que tant d'autres s'en font seulement une échelle pour parvenir. Ainsi, chargé par l'Académie des Sciences de contrôler les expériences du jeune Louis Pasteur sur les propriétés optiques de cer-tains cristaux dissymétriques, il déploya d'abord une rigueur presque soupçonneuse parce que la vé-rité était en jeu; puis, cette vérité acquise, il em-brassa le jeune triomphateur en lui disant: « Mon

cher enfant, j'ai tant aimé les sciences dans ma vie
que cela me fait battre le cœur (1) ».

Ce cœur excellent, cet esprit consciencieux ne
pouvait méconnaître le témoignage que la nature
rend à son Auteur. Il a donc écrit ceci :

« Plus je considère l'ordre de l'univers et toutes
les merveilles de la création, plus j'admire cet
arrangement. — Quand notre entendement peut
arriver à saisir les relations *intentionnelles* qu'ont
entre elles quelques-unes des pièces (du mécanisme
des cieux ou des êtres vivants), il y aurait contradiction logique à ne pas voir au fond de cet ensemble le *Principe intelligent lui-même* qui a tout
ordonné ». (Mél. scient. et litt., t. II).

Augustin-Louis CAUCHY

DE L'INSTITUT.

(1789-1857)

Augustin Cauchy (2), a été appelé « le premier mathématicien du monde... chef glorieux
d'une école nouvelle, supérieure dans ses élans à
l'école de Laplace son maître, à celle de Poisson son
rival » (Moigno). De lui M. Biot a pu écrire
qu'il fut un « *vrai chrétien*, en qui Dieu, pour notre
exemple, a voulu mêler les dons du génie et ceux
du cœur. »

(1) Cf. Vallery-Radot: *Histoire d'un Savant.* — On y lira aussi
ces charmantes paroles de Madame Biot qui, inquiète de la
santé de son mari, disait à Louis Pasteur : « Il ne vit plus depuis
que vous faites toutes ces belles choses'! »

(2) Né à Paris, entré à l'Institut à 27 ans. Professeur à l'Ecole
polytechnique jusqu'en 1830, il refuse alors le serment, se retire
en Suisse, puis à Turin et à Prague. Il revient, après 1848, enseigner l'astronomie mathématique à la Sorbonne.

Il a enseigné l'astronomie mathématique à la Sorbonne de 1848 à sa mort (1857).

L'Académie des Sciences a jugé utile de réimprimer en un même ensemble les travaux dispersés de Cauchy, au nombre de plus de 500 mémoires, tous marqués au coin du génie. Cela a donné ou donnera 26 volumes in-4° de 500 pages et demandera 30 années. L'un des mathématiciens distingués que l'Académie a chargés de cette publication, M. Valson, apprécie de la façon suivante l'œuvre et le caractère du savant:

« Beaucoup de juges compétents considèrent Augustin Cauchy comme le premier mathématicien de son siècle; dans tous les cas il compte parmi les plus illustres.

« Les travaux et les méthodes de Cauchy ont été le point de départ des recherches de la plupart des géomètres contemporains... Ses œuvres ont conservé leur actualité.

« Les découvertes de Cauchy sont une mine presque inépuisable de recherches... Une foule de savants, notamment en Allemagne, marchant dans les voies ouvertes par Cauchy, ont produit des travaux importants; plus d'une fois ils ont donné comme nouvelles des théories plus ou moins explicitement contenues dans ses ouvrages.

« Cauchy a donc été un grand savant; mais il a été aussi un grand chrétien; sa vie nous offre un des plus beaux exemples qu'on puisse citer de l'alliance si désirable d'un génie supérieur avec une foi simple et pratique, ardente et pure de tout alliage ». (Voir Mém. Congr. scient. cath. de Paris, 1884, t. II, p. 514 et suivantes.)

L'abbé Moigno, élève de Cauchy, dit que « ce puissant génie fut en outre un saint, un ange de pureté et de charité ». (Voir Splendeurs de la foi, t. III, p. 1448).

LE R. P. A. SECCHI (1)

ASTRONOME DU VATICAN.

A Rome, au *Pincio*, promenade publique justement chère aux Romains, on a multiplié les bustes des grands hommes italiens, en proportionnant plus ou moins les centimètres à l'estime. Un des plus grands bustes et des plus avantageusement placés est, on le devine, celui de Garibaldi. Il y en a un pourtant plus grand encore et placé mieux en vue. Il domine une colonne qui porte un point de visée astronomique avec l'inscription : *Meridian del Osservatorio del Collegio Romano.* Or ce buste laisse voir un petit collet et représente un jésuite, le R. P. Secchi.

Il est superflu de demander à un tel savant une profession de foi spiritualiste; son seul nom est une preuve irréfutable du fécond appui que peuvent se prêter mutuellement la science et la foi. Mais pour montrer quels horizons s'ouvrent l'une à l'autre ces deux sœurs, filles de Dieu, nous citerons cette conclusion d'une conférence du P. Secchi sur « *les Soleils ou les Etoiles fixes* ».

« L'homme, devant l'immensité de la Création, semble disparaître comme un atome dans l'infini...

(1) Chassé jeune de son couvent par une Révolution, il consola son exil en étudiant l'astronomie en Angleterre et en Amérique

C'est une erreur ! Son esprit, par cela seul qu'il est capable de comprendre ces merveilles, est déjà plus grand et plus vaste que le sujet qu'il embrasse. Ce seul fait de son intelligence nous montre que sa nature est bien plus sublime que celle de la matière et qu'il a une destinée bien plus noble que celle de rouler dans les espaces ou de briller par des vibrations lumineuses. De même que dans une foule nombreuse chaque individu conserve sa personnalité au milieu de cette multitude qui le submerge, de même l'homme ne laisse pas d'être d'objet des soins de son Auteur parce qu'il habite un globe perdu dans les espaces parmi des millions de globes semblables. Aussi nul acte de providence extraordinaire envers le genre humain ne doit paraître impossible, « *même en présence de ces êtres in-* « *nombrables qui peuplent peut-être l'espace,* et « qui servent sans doute plus fidèlement que nous « leur Créateur ». *(Bibl. utile,* vol., XLIII, p. 34. Paris, Germer Baillière).

PLEIADE SPIRITUALISTE

Dans une conférence donnée à la Sorbonne, en 1865, sur les nébuleuses, M. le Professeur Charles Briot (1), concluait ainsi : « Sous l'infinie variété des phénomènes, nous découvrons une loi, une force unique. Cette unité de plan, cette unité de cause, plus encore que la grandeur et la magnificence de l'œuvre, nous révèle une *Intelligence infinie* et nous pouvons répéter cette parole du psaume, témoignage de la foi de nos pères : *Les cieux racontent la gloire de Dieu* ».

Le Professeur Edouard Roche, de Montpellier, a complété les théories de Laplace par d'importantes additions et publié sur le Soleil des travaux remarquables. L'Institut de France crut justement s'honorer en se l'attachant comme membre correspondant. Or ce savant a laissé la mémoire d'un saint. Frappé au cœur, dès le début de sa carrière professorale, par la mort prématurée d'une jeune épouse, Ed. Roche consola son éternel deuil par un entier dévouement à ses élèves, à la science et à la religion.

Plus d'un astronome envie au physicien belge Joseph Plateau l'honneur d'avoir donné au système de Laplace une sorte de confirmation expérimentale universellement répétée et applaudie, à la fois

(1) Suppléant de Le Verrier à la Sorbonne.

simple, élégante et démonstrative (1). Cet ingénieux et sagace inventeur était un fervent catholique.

Nous pourrions en citer beaucoup d'autres, mais les exemples qui précèdent suffisent à notre thèse.

Le Colonel Vicomte DU LIGONDES

ÉMULE DE LAPLACE

Nous ne pouvons cependant omettre de dire un mot d'un brillant émule de Laplace et de Faye, le lieutenant-colonel d'artillerie, vicomte du Ligondès.

Laplace n'avait à faire entrer dans son système que 43 astres, et il les supposait tous animés de mouvements directs. Or ce nombre est devenu voisin de 500, rien que pour notre monde solaire, et beaucoup de mouvements ont été reconnus rétrogrades. Les comètes ne pouvaient plus être traitées en astres errants à orbite hyperbolique. Pour ces raisons et d'autres encore, les théories de Laplace étaient à remanier entièrement. Hervé Faye osa l'entreprendre, et non sans succès. « Il élargit

(1) Qui ne connaît ces systèmes planétaires en miniature qu'on forme en soutenant des gouttes d'huile par un mélange d'alcool et d'eau? Si l'on touche une de ces gouttes avec une aiguille à tricoter, la goutte se centre sur l'aiguille, tourne avec elle, prend la forme d'un sphéroïde de révolution aplati aux pôles et renflé à l'équateur ; si la vitesse de rotation augmente suffisamment, un anneau équatorial se forme aux dépens du renflement : voilà la planète Saturne ! Une secousse donnée à l'aiguille brise l'anneau en fragments qui s'arrondissent et tournent comme des lunes autour de la goutte centrale : voilà les satellites !

même la question en posant les bases d'une hypothèse cosmogonique pouvant s'étendre à l'univers
entier, tandis que celle de Laplace ne s'appliquait
qu'au monde solaire ». (Th. Moreux, *Rev. Quest.
sc.*, t. XLI, p. 468). Mais son système ne résout
pas toutes les difficultés et en implique de nouvelles.

Un pas de plus dans la bonne voie a été fait par
un de ses anciens élèves de l'Ecole polytechnique,
le Vicomte du Ligondès, dont la puissante analyse
a frappé les juges compétents. C'est lui qui tient
actuellement le *record* de la Mécanique Céleste.

Concluons :

On vient de constater que les savants qui, en
notre siècle, ont développé, rectifié, dépassé Laplace
sont principalement des savants spiritualistes,
chrétiens et même catholiques. C'est le cas notamment du colonel du Ligondès et de son savant
élève, ami et interprète, l'abbé Th. Moreux, dont
l'Institut a récompensé récemment les publications sur le Soleil.

II

SAVANTS PHYSICIENS ET CHIMISTES

I. — PRINCES DE LA PHYSIQUE AU XIXᵉ SIÈCLE

Alexandre VOLTA
(1745-1826)

Le siècle de l'électricité s'est ouvert par la découverte de la pile électrique, due à Volta (1800). Couronné d'ans et de gloire, l'illustre professeur de l'Université de Pavie écrivit en 1815, dix ans avant sa mort, une profession de foi catholique que nous transcrivons avec bonheur (1):

« J'ai toujours tenu et je tiens pour unique, vraie et infaillible cette sainte religion catholique, remerciant sans cesse Dieu de m'avoir accordé cette foi... Mais je n'ai pas négligé les moyens humains de m'y affermir et d'écarter tout doute, en l'étudiant dans ses fondements... Puisse cette protestation, que je permets de montrer à chacun, parce que *non erubesco evangelium*, produire quelques bons fruits ! »

(1) D'après une citation du Comte de Champagny, de l'Académie française.

Joseph FOURIER
DE L'INSTITUT
1768-1830

Ce que Laplace avait fait pour la mécanique céleste, le baron Joseph Fourier, son ami et collègue, le fit pour la *théorie de la chaleur*, dont il posa et commenta les équations (1). Il avait, comme Laplace, porté autrefois le petit collet et enseigné les mathématiques dans une Ecole militaire bénédictine. Pendant les fureurs révolutionnaires, nous le trouvons en Egypte parmi les savants qui accompagnaient Bonaparte. Il eut même là l'occasion d'un triomphe oratoire sensationnel dans un panégyrique funèbre qui lui valut les applaudissements d'une armée. Son éloquence trouva un emploi dans les fonctions de Secrétaire perpétuel de l'Académie des sciences chargé de prononcer les *éloges historiques* des membres défunts. On lui doit notamment l'*éloge* de Laplace, dont il profita pour laver la mémoire de son ami de certaines accusations tendantielles d'athéisme. Nous avons cité plus haut (page 13) les dernières paroles qu'il lui prête et qu'il déclare avoir entendues souvent tomber de ses lèvres. « Il s'éteignit sans douleur, ajoute-t-il. Son heure suprême était arrivée: le génie puissant qui l'avait animé se sépara de l'enveloppe mortelle et retourna vers les cieux. » — Il y a une haute et réconfortante affirmation spiritualiste dans ces lignes

_____

(1) « ...l'admirable *Théorie mathématique de la Chaleur* de Fourier », écrit encore en 1901 le professeur de Physique générale du Collège de France, M. Marcel Brillouin. (Cf. *Rev. gén. des Sciences*, 1901, p. 118).

brèves et pleines: l'âme immortelle fermement distinguée de la matière périssable, le génie donné d'en haut puisqu'il *retourne* vers les cieux. — Ainsi ces deux sommités de la science de leur temps, Laplace et Fourier, finissaient comme ils avaient commencé, par la philosophie du catéchisme catholique.

Hans-Christian ŒRSTED.

(1777-1851)

Le nom d'Œrsted, professeur de physique à Copenhague, vivra autant que la science électrique, grâce à sa découverte, en 1820, de l'action directrice des courants sur les aimants. Sa célèbre exrience, fondement de l'électro-dynamisme, jeta dans la stupeur les physiciens de l'époque. On ne pouvait croire à cette action annoncée d'une force invisible sur la matière visible; cela semblait une sorte de miracle. Un petit cénacle d'initiés se réunit à Genève pour contrôler en commun l'affirmation d'Œrsted: on vint de loin pour regarder. O merveille! au passage du courant électrique dans un fil de métal, l'aiguille aimantée s'agita et, infidèle au nord, se mit en croix avec le fil. Des ignorants eussent souri, applaudi peut-être, et dit: « c'est très amusant. » Nos savants restèrent graves, pensifs, muets. L'un d'eux pourtant, Prévost de Genève, rompit le silence et exprima la pensée de tous dans une langue solennelle: « *Novus rerum nascitur ordo* » (Un nouvel ordre de choses vient de naître). En effet l'électro-dynamisme faisait son entrée dans la science et allait par le télégraphe et le téléphone, par la lumière et l'énergie électriques, transformer la vie sociale.

Or Œrsted l'initiateur n'a pas cru que la matière, *inerte* par définition (toute la science moderne est fondée sur le principe de *l'inertie de la matière*), pût rendre raison des énergies qui se jouent en elle ni des forces qui la dirigent. Il a donc confessé *l'esprit*, il a confessé *Dieu*. Témoin ce passage cité de lui par Saint-Ellier :

« Si les lois de notre raison n'étaient pas dans la nature, ce serait en vain que nous voudrions les lui imposer, et si les lois de la nature n'étaient pas en notre raison, il ne nous serait pas possible de comprendre la nature. Quelle est donc la raison de cette harmonie qui nous montre des lois semblables dans l'être et dans la pensée, dans la nature et dans l'esprit ? C'est que ces lois ont une cause commune, une raison primordiale, qui est aussi la puissance primordiale, en un mot, qui est *Dieu*. »

André-Marie AMPERE
DE L'INSTITUT
(1775-1836)

« Ampère (1), par la création de l'électro-dyna-
« mique, s'est révélé le plus grand génie scientifique du siècle. » — Ainsi s'exprimait devant l'Académie des Sciences, le 29 décembre 1890, M. Joseph
Bertrand, secrétaire perpétuel. (Mém. Acad. Sc.,
t. 45). Ailleurs, le même juge compétent disait
encore d'Ampère : « Aucun génie n'a été plus com-
« plet, aucun inventeur mieux inspiré. » Le célèbre
théoricien de l'électricité, Maxwell, appelait Ampère « le Newton de l'électricité ».

Eh ! bien, le plus grand génie scientifique du
siècle a été profondément chrétien, chrétien catholique, et catholique pratiquant. Il savait par cœur
l'*Imitation de Jésus-Christ* et il disait son chapelet.

La piété n'a pas nui chez lui à la science; au
contraire, « la tendance religieuse et philosophique
« de ses pensées, dit M. Ernest Naville (2), fut le
« principe directeur de ses travaux comme de sa
« vie ».

C'est d'Ampère que l'on a dit :

« Nous l'avons toujours vu allier sans effort la
foi et la science, de manière à frapper d'étonnement
et de respect. » Et qui a dit cela ? — Sainte-Beuve !

Ne serait-ce pas d'Ampère aussi que Poinsot, de

(1) Mathématicien hors ligne, professeur à l'Ecole polytechnique. C'est en 1820 qu'il fit connaître ses grandes découvertes sur
l'électro-magnétisme, d'où est sorti l'électro-aimant organe essen-
tiel de toute l'électricité dynamique. On a donné le nom d'Ampère à *l'unité de courant*.

(2). Physique moderne, p. 180.

l'Institut, a écrit : « A. va d'un air simple à la
vérité qu'il aime : la vérité lui sourit, et quitte
volontiers sa retraite pour se laisser produire au
grand jour par un homme aussi modeste ! »

Sa puissance d'absorption méditative a fait d'Ampère un type de distraction légendaire; d'où l'abon-
dance d'anecdotes qui courent sous son nom. Nous
préférons ce petit trait d'histoire authentique que
nous empruntons à la plume de M. le Comte de
Champagny, de l'Académie française. « Un jour,
dans la première partie de ce siècle, un jeune
homme qui devait être lui aussi un grand écrivain
et un grand chrétien, Ozanam (1), tourmenté de
quelques doutes sur la foi, entre tout troublé dans
une église. Il y voit M. Ampère, de l'Ecole polytechnique et de l'Institut, prosterné dans un coin
et récitant humblement son chapelet. A la vue d'un
tel chrétien, tous ses doutes cessèrent. C'est aussi
devant Ozanam qu'au milieu de conversations scientifiques, s'élevant de la contemplation de la nature
à celle de son Auteur, Ampère mettait sa large
tête entre ses deux mains et s'écriait tout trans-
porté: « Que Dieu est grand ! Ozanam, que Dieu
« est grand ! »

(1) Frédéric Ozanam, professeur de littérature étrangère à la
Sorbonne.

Augustin FRESNEL

DE L'INSTITUT

Jean-Augustin Fresnel, né à Broglie (Eure) en 1788, mort à Ville-d'Avray près Paris en 1827, « a fixé à jamais, dit M. Jamin (de l'Institut), par d'immortelles découvertes, la théorie de la lumière ».

Il étudia le phénomène de Grimaldi qui avait arrêté Newton et tout le monde après lui, à savoir l'*ombre d'un cheveu;* il en expliqua les franges par un phénomène d'interférence des lumières venant de chaque côté. « La théorie des ondulations irrévocablement fondée, le nom de Fresnel ne le cédait, dit Swerd, qu'au seul nom de Newton. »

Il s'attaqua alors au problème de la polarisation de la lumière qui avait tenu en échec Huyghens, Young et tous les théoriciens de la lumière. « *Après qu'il eut passé, l'optique était faite* (Jamin). Il avait découvert les *vibrations transversales.* Laplace se rendit et déclara qu'il mettait les recherches de Fresnel au-dessus de ce qu'on avait fait depuis longtemps. » Une immense acclamation de l'Europe savante salua le jeune vainqueur, et l'Académie des Sciences lui ouvrit ses portes, à l'unanimité des suffrages (1823).

« En sept ans il avait accompli la plus grande œuvre scientifique du siècle. » (Jamin). Malheureusement il mourait peu après, à 40 ans, sans avoir donné toute sa mesure, ayant fait assez cependant pour mériter le nom de Newton français.

3

Eh ! bien, comme le Newton anglais qui, profondément religieux, se fit apologiste de sa foi chrétienne, Augustin Fresnel se fit apologiste pour ceux
qui l'entouraient. Sa mère, « femme de haute vertu
et d'un assez grand savoir pour diriger l'éducation
de ses quatre enfants, avait su leur imprimer les
sentiments de piété dont son âme était remplie ».
Augustin, parmi ses hautes spéculations physico-
mathématiques, trouva le temps d' « écrire l'*essai
d'une démonstration mathématique de ses convictions religieuses*, essai qui n'a point été imprimé et
ne fut confié qu'à sa famille ». (Jamin.)

Dans ses méditations au bord de la mer, alors
qu'il installait ces phares de son invention que
toutes les nations maritimes nous ont empruntés,
l'âme du jeune ingénieur s'élevait par la contemplation de la nature jusqu'à son Auteur, et il écrivait ce fragment poétique qu'un de ses parents
M. Marc, nous a conservé (1) :

> Dans cet effort puissant qui soulève les mers,
> Je vois le bras du Dieu qui forma l'univers ;
> Vers ce Dieu je m'élève. et mon âme agrandie
> Après tant de douleurs me montre une autre vie.

(1) Cf. Léon Puiseux — Discours à l'Académie de Caen.

Docteur J.-R. MAYER

FONDATEUR DE LA THERMODYNAMIQUE.

Le Dʳ Mayer (Julius-Robert) d'Heilbronn est, au dire d'un juge compétent (le Prof. Aimé Witz de Lille), le vrai « fondateur de la thermodynamique ». Le premier, en effet, il a formulé, dès 1842, l'*équivalent mécanique de la chaleur* (1). Joule de Manchester, Hirn de Colmar n'ont été que ses confirmateurs en précisant par des expériences, admirables il est vrai et nécessaires, ce dont Mayer avait posé génialement le principe et la méthode de détermination.

L'affirmation spiritualiste prend donc autorité en passant par ses lèvres, et nous devons être reconnaissants à M. E. Naville de nous avoir conservé (*Physique moderne*, p. 183) ce témoignage émis devant le Congrès scientifique d'Inspruck, en 1869 :
— « Sans l'harmonie établie par *Dieu* entre le monde subjectif et le monde objectif, toutes nos pensées seraient stériles ».

Encore simple étudiant à Tubingue (1834), « J.-R. Mayer avait entrepris déjà une série d'expériences sur les effets mécaniques de la chaleur. » Il les discutait avec son condisciple Albert Hetsch, futur lauréat de Tubingue et de Stuttgart, dont il reçut d'heureuses suggestions (2). Mais, service pour service, Mayer « ouvertement religieux et catholique », contribua à frayer à Hetsch, *élevé dans le protestantisme*, le chemin de la vérité. Un

---

(1) Entrevu, il est vrai, par Sadi-Carnot et, avant celui-ci)ar Rumford, le véritable initiateur.
(2) Cf. Vie de l'abbé Hetsch. — Paris, Poussielgue, 1886.

jour, le Dr A. Hetsch, délégué par l'Académie et le gouvernement de Wurtemberg pour étudier l'organisation des hôpitaux de Paris, achèvera là d'ouvrir les yeux à la vérité catholique, se convertira, deviendra prêtre et, adoptant la France pour seconde patrie, dirigera quinze ans le célèbre collège de *La Chapelle*, au diocèse d'Orléans.

Adolphe HIRN

DE L'INSTITUT

Nous avons nommé, comme confirmateur de Mayer et émule de Joule, le célèbre Adolphe Hirn, de Colmar, grand industriel, savant précis, ardent philosophe spiritualiste. L'Institut de France se l'était attaché pour avoir mesuré en grand l'équivalent mécanique de la chaleur dans la machine à vapeur industrielle et dans le corps humain. Au prix de beaucoup de soins et d'activité ingénieuse, il avait pu constater que la vapeur qui a travaillé dans une machine ne rapporte pas au condenseur toute la chaleur reçue de la chaudière, et que de la chaleur disparaît aussi quand les muscles de l'homme travaillent. Mesurant les pertes et calculant le rapport du travail produit à la quantité de chaleur disparue, il avait trouvé un nombre fort rapproché de celui de Joule.

Mais l'âme ardente et généreuse de Hirn ne se laissait pas enfermer dans les souterrains du filon scientifique qu'il exploitait. Remontant souvent à la lumière, il voyait qu'il y a autre chose dans le monde que les lois de la physique. Il devenait alors philosophe et savait lutter pour ses convictions. Il reconnaissait franchement que l'équivalent mécanique de la chaleur et des autres énergies en jeu dans la matière ne pouvait rendre raison ni de la vie, ni de la pensée, ni des directions et intentions qui révèlent Dieu et les âmes dans la nature. Et il s'indignait contre le matérialisme bas dont on veut vainement affubler la Science. « Le matérialisme, disait-il, est condamné à nier toute idée de finalité harmonieuse dans la nature; mais une telle négation heurte si violemment les affirmations les plus élémentaires de la raison qu'elle est le coup mortel pour la doctrine d'où elle émane ». (Cité par M. H. Faye: — *Orig. du monde*, p. 159.)

Michel FARADAY

DE LA SOCIÉTÉ ROYALE DE LONDRES

(1794-1867)

Le nom de Faraday remplit la science de l'électricité au XIX⁰ siècle; les lois de l'électrolyse, le diamagnétisme, l'induction, les extra-courants, le popularisent; une des unités électriques (1) le consacre. Mais sa science pénétrante était encore dépassée par la beauté de son caractère moral. C'est de lui que l'illustre J.-B. Dumas, disait devant l'Académie des Sciences dont il était *Associé étranger:* «Je n'ai pas connu d'homme plus digne d'être aimé, d'être admiré, d'être regretté... Je ne sais s'il existe au monde un savant qui ne fût heureux de laisser en mourant des travaux pareils à ceux de Faraday; mais je suis sûr que tous ceux qui l'ont connu voudraient approcher de cette perfection morale qu'il atteignait sans effort. Elle semblait chez lui comme une grâce naturelle qui en faisait un professeur plein de feu pour la diffusion de la vérité, un artiste infatigable, plein d'entrain et de gaieté dans son laboratoire, le meilleur et le plus doux des hommes au sein de sa famille, et le prédicateur le mieux inspiré au milieu de l'humble troupeau religieux dont il suivait la foi ». (*Éloges historiques de l'Acad. des Sciences,* p. 54-55.)

Eh! bien, le grand, l'aimable Faraday « ne voyait dans l'univers, dit le célèbre John Tyndall son collègue, qu'une seule force obéissant à une

---

(1) L'unité de capacité électrique.

seule volonté, *Dieu!*»—Et il disait, rapporte encore Tyndall : « Douter des vérités divines, c'est livrer sa vie au hasard ; y croire, c'est lui donner son lest ».

Le croyant, chez Faraday, ne refroidissait pas le savant; tout en adorant la Cause première, il n'en recherchait pas avec moins de zèle les causes secondes; après avoir invoqué le Créateur, il n'en poursuivait que plus ardemment les lois de la nature qui sont l'expression de son action ou de sa volonté. Cependant, dans son enseignement public, il savait taire ce qu'il était inutile de profaner et ne donnait à ses auditeurs que la portion de vérité tangible qu'ils venaient lui demander. Notre grand Pasteur, dans son discours de réception à l'Académie française, crut devoir s'en expliquer, sans doute pour exprimer sa propre âme.

« On raconte, disait-il, que l'illustre Faraday, dans les leçons qu'il faisait à l'Institut royal de Londres, ne prononçait jamais le nom de Dieu, quoiqu'il fût profondément religieux. Un jour, par exception, ce nom lui échappa et aussitôt (dans l'auditoire) se manifesta un mouvement d'approbation sympathique. Faraday, s'en apercevant, interrompit sa leçon par ces paroles : « Je viens de « vous surprendre en prononçant ici le nom de « Dieu. Si cela ne m'est pas encore arrivé, c'est que « je suis, dans ces leçons, un représentant de la « science expérimentale. Mais *la notion et le res-* « *pect de Dieu arrivent à mon esprit par des voies* « *aussi sûres que celles qui nous conduisent à des* « *vérités de l'ordre physique.* »

Voilà comment, en temps opportun, la Science vraie, la Science intégrale confesse Dieu !

Sir William THOMSON (Lord Kelvin).

Le physicien hors ligne qui a su résoudre l'épineux problème de l'établissement du télégraphe transatlantique (si différent de nos télégraphes continentaux), n'est pas seulement un spécialiste de génie; la profondeur de ses vues sur l'intime des phénomènes, la largeur de ses conceptions le classent au rang des philosophes de la nature.

Appelé en 1871 à présider les séances de l'Association Britannique pour l'avancement des sciences, il dut, dans le Discours présidentiel d'ouverture, porter un jugement sur les doctrines matérialistes qui faussaient la notion d'évolution en préconisant une sorte de *self-évolution* de la matière organisée et vivante, sans intervention de la Cause première, initiatrice, dirigeante et efficiente. Avec la prudence du vrai savant attiré en dehors de son propre domaine et obligé de juger selon le sens commun, il s'appuya sur le sentiment d'autrui en y adhérant de sa conviction personnelle. Après 30 ans de discussions confuses, c'est à la formule de Thomson le physicien que les naturalistes et les philosophes doivent revenir; la voici :

« Sir John Herschell, tout en exprimant un jugement favorable à la théorie de l'évolution zoologique, reprochait à l'hypothèse de la sélection naturelle de ne pas tenir compte de l'*Intelligence qui doit incessamment tout diriger*. — Ceci me semble, continue W. Thomson, une critique très juste et très instructive. Je suis profondément convaincu que l'*argument du* DESSEIN *a été beaucoup trop perdu*

de vue dans les récentes spéculations zoologiques...
N'avons-nous pas autour de nous un concours écra-
sant de preuves éclatantes d'un DESSEIN *intelligent*
et bienfaisant? Et si parfois des perplexités méta-
physiques ou scientifiques viennent à nous les faire
perdre de vue quelque temps, elles reviennent à
nous bientôt avec une irrésistible force, nous mon-
trant partout dans la nature l'influence d'une
Volonté libre et nous apprenant enfin que tous les
êtres vivants sont sous la dépendance unique du
Créateur et du *Régulateur souverain du monde.* »

C'est en lettres d'or qu'il faudrait écrire ce jugement dans les salles des Congrès scientifiques et
philosophiques. Un homme d'état du pays de
Thomson, Lord Salisbury en personne, l'a remis en
mémoire, ces dernières années, au Congrès d'Ox-
ford, et toute la presse en a retenti. La traduction
qu'on en a publiée en France ayant précisé la pensée, nous la donnons pour comparaison :

« L'existence d'un plan a été trop souvent per-
due de vue... Des preuves éclatantes d'une action
intelligente, d'un dessein bienveillant sont multi-
pliées autour de nous... Elles nous montrent la
nature soumise à une volonté libre. Elles nous
apprennent que toutes les choses vivantes dépen-
dent d'un Créateur et d'un Maître éternel ».

Auguste de LA RIVE

Nous pourrions citer encore nombre de savants physiciens de moins grande envergure; mais il est temps de donner la parole aux chimistes. Nous clorons donc cette série de précieux témoignages en enregistrant celui d'un célèbre professeur de l'Académie de Genève, Auguste de la Rive, associé étranger de l'Institut de France. Terminant en 1860 son cours de physique, il voulut remercier ses nombreux et fidèles auditeurs par un suprême enseignement qui couronnât dignement leurs efforts communs à la recherche de la vérité. Il leur dit, et ce fut son testament scientifique : « Si j'ai appris quelque chose dans les longues années de ces études, c'est que *Dieu agit continuellement*, c'est que *sa main qui a tout créé veille sur tout dans l'univers.* (C. R. Acad. Sc. Eloges hist.).

J.-B. Dumas, qui citait ces paroles en pleine Académie des Sciences de Paris, ajoutait comme conclusion de trois *éloges* par lui prononcés : « Ampère, Faraday, Auguste de la Rive étaient tous les trois profondément religieux; tous les trois défendaient contre l'invasion des partisans des forces physiques le terrain réservé à l'esprit, à cette chose qui voit, qui affirme, qui veut, qui, libre, doit rendre compte de sa liberté; — tous les trois reconnaissaient cette *Volonté suprême* dont l'intervention directe apparaît toujours comme le premier et le dernier mot de la création » (Ibidem).

II. — PRINCES DE LA CHIMIE AU XIXe SIÈCLE.

Jean-Jacob BERZELIUS

(1779-1848)

Travailleur infatigable, consciencieux et méthodique, patient et tenace jusqu'au génie, Berzélius a tenu le sceptre de la chimie pendant trente ans. De Stockholm où il professait cette science et rédigeait son *Rapport annuel sur les progrès de la physique, de la chimie et de la minéralogie*, il a régenté tous les laboratoires d'Europe par sa critique inflexible et cependant bienveillante. Non seulement il enrichissait la science de ses découvertes et de ses analyses (à lui seul il a découvert six corps simples, dont le silicium, et presque créé 'a chimie organique), mais encore il éprouvait tous les matériaux apportés par les travailleurs, avant de les admettre dans le chantier où se préparait le grand édifice de la chimie moderne. Il ne lui a pas été donné de construire lui-même cet édifice, mais la pléiade de ses élèves y a travaillé, et les pierres se trouvèrent sous leur main façonnées ou contrôlées par le maître. Gloire donc à ce laborieux qui donna douze ou quatorze heures chaque jour à la science la plus difficile pendant cinquante ans !

Dans la dernière préface de son grand *Traité de chimie* (5ᵉ édition), Berzélius nomme avec respect l'*Être suprême* qui dispense *la vie et la force*. Car ce grand fait des existences spirituelles invisibles, il l'avait contrôlé aussi et admis au fondement et au couronnement de l'édifice de la science humaine. Bref et rigoureux en ses formules comme un législateur, il avait porté ainsi sa sentence, que le grand physicien Becquerel aimait à répéter: « Il faut admettre l'existence d'une *Puissance créatrice*... Tout ce qui tient à la nature organique prouve un *but sage* et révèle un *Entendement supérieur* ».

J. B. DUMAS

DES TROIS ACADÉMIES.

La chimie moderne reconnaît son législateur dans l'auteur de la « *Philosophie chimique* ».

Nous avons déjà cité si souvent son nom glorieux que son témoignage est acquis d'avance. Il nous plaît cependant de faire parler encore un savant qui, arrivé au sommet de la gloire, s'est généreusement constitué devant les Académies le champion de l'accord de la science et de la foi.

Devant l'Académie des sciences, il n'a pas craint de dire: « Le Dieu de la révélation est le même que celui de la nature »; (Rapport sur un ouvrage de M. Figuier) et encore: « La science ne tue point la foi, et la foi tue encore moins la science ». (Éloge de Faraday).

Devant l'Académie française, qui l'avait élu au siège de l'historien de la civilisation Fr. Guizot, il s'unit à son prédécesseur pour rendre hommage à la civilisation chrétienne. Répudiant toute compromission de la science sincère avec les doctrines matérialistes qui prétendaient s'autoriser d'elle, il s'écria en avouant ses lacunes : « La science ne sait rien de la nature et de l'origine de cette vie (1) qui se transmet mystérieusement de génération en génération. D'où vient la vie, la science l'ignore ; où va la vie, la science ne le sait pas ». Et, contestant l'interprétation que le matérialisme veut faire des découvertes de la science moderne pour se rajeunir, l'éloquent avocat du spiritualisme ajoutait :

« On veut que la vie naisse et que la conscience se produise par de simples transformations de la force. On veut que la vie et la conscience, après la mort, aillent se perdre dans le vaste frémissement des mouvements qui agitent l'univers.

« Naître sans droits, vivre sans but, mourir sans espérances, telle serait notre destinée !

« Non !

« A travers les succès et les mécomptes, les victoires et les défaites, de grandes vertus et de tristes défaillances l'Europe chrétienne a fait prévaloir le droit de tout homme à la justice, à la sympathie, à la liberté. Sous la nouvelle loi morale (la loi chrétienne), le droit n'a plus abdiqué devant la force, la justice s'est étendue sur toutes les natio-

(1) Dumas avait le droit de parler de la vie au nom de la science, lui qui avait fait deux découvertes physiologiques de premier ordre en embryogénie ; à elles seules, elles assureraient l'immortalité de son nom.

nalités, la sympathie n'a plus tenu compte de la couleur des hommes, la liberté a relevé les castes et les races déchues; le plus humble s'est vu protégé par son origine divine, et le plus grand s'est senti responsable devant l'éternité ».

Allons-nous donc perdre tout cela par la science ?

Non. « La fièvre passagère de la pensée scientifique en travail d'enfantement, qui menace ces fortes doctrines et qui n'a rien pour en tenir lieu, s'apaisera comme elle s'est apaisée autrefois ». (Disc. de récept. à l'Acad. française, 1ᵉʳ juin 1876).

L'enthousiasme saisit l'auditoire, ses applaudissements éclatèrent, la presse en retentit. Trois jours après, devant l'Académie des Sciences, l'illustre Le Verrier adhérait solennellement à cette déclaration de son confrère, en proclamant lui aussi « *impérissables les vérités de la philosophie spiritualiste* », et saluant ces « *grands principes qui sont la source même de la science la plus pure.* » (Voir page 15 de cet opuscule).

Louis PASTEUR

DES TROIS ACADÉMIES.

« Il n'y a que le plus accompli de tous les expérimentateurs, l'observateur consciencieux ne négligeant rien pour mettre ses conclusions à l'épreuve, auquel il a été donné de marcher avec sûreté dans la voie semée de pièges (l'étude des fermentations). Cet homme, c'est le chimiste français Pasteur. »

Ainsi parlait, devant une assemblée de savants anglais à Glascow (19 oct. 1876), le célèbre John Tyndall qui, avec son habileté consommée, venait de répéter en grand les expériences de Pasteur sur les germes de l'air et les avait confirmées sans restriction.

De ces travaux rigoureux et impeccables sont sorties non seulement des méthodes de préservation des vins, des bières, du lait, des magnaneries, mais encore « une révolution en chirurgie » selon l'expression de Lister, et même en médecine, car ils « levaient le voile qui couvrait depuis des siècles les maladies infectieuses ». (Discours du Dr Lister de Londres au Jubilé de Pasteur, en Sorbonne, 1892).

La découverte de l'atténuation des virus et la vaccination préventive contre le charbon des moutons, le rouget des porcs, le choléra des poules, la rage du chien et de l'homme, ont mis le sceau à la gloire de Pasteur et l'ont porté au premier rang des *Bienfaiteurs de l'humanité*.

Il lui a été donné pourtant de faire plus encore en influant heureusement sur l'âme de ses contemporains par l'affirmation courageuse de ses croyances spiritualistes et par l'exemple salutaire d'une mort chrétienne.

A l'école normale supérieure, jeune Directeur des études scientifiques, il disait à ses élèves: « Un professeur ne doit jamais monter dans sa chaire sans se dire à lui-même: comment éléverai-je plus haut aujourd'hui l'esprit et le cœur de mes élèves ? »

A l'Académie de médecine, la sotte contradiction d'un sectaire le fit un jour éclater: c'était le 2 mars 1875; ce jour-là, Dieu en soit béni! le savant montra son âme. Ecoutons-le:

« En bonne philosophie, s'écria-t-il, *le nom de cause doit être réservé à la seule divine impulsion qui a formé l'univers.*

« En face de ces grands problèmes (du commencement et de la fin de toutes choses), il n'y a que deux états pour l'esprit: la foi à une solution donnée par une révélation directe, et le tourment de l'âme s'exprimant par un silence absolu ou, ce qui revient au même, par l'aveu de l'impuissance à rien pénétrer.

« *La raison n'est pas tout: il y a le sentiment.* Ce qui sera éternellement la force des convictions de l'homme de foi, c'est que les enseignements de sa croyance sont en harmonie avec les élans du cœur, tandis que la croyance du matérialiste impose à la nature humaine des répugnances invincibles. — Est-ce que le bon sens, le sens intime de chacun ne proclame pas la responsabilité individuelle? Le matérialiste, au contraire, la repousse.

— Est-ce que, au chevet de l'être aimé frappé par
la mort, vous ne sentez pas au dedans de vous quelque chose qui vous crie que l'âme est immortelle ?
C'est insulter au cœur de l'homme que de dire avec
le matérialiste: la mort, c'est le néant ! »

A l'Académie française, au jour de sa réception,
Pasteur se trouva en face de Renan désigné pour
l'accueillir et lui répondre. C'était la rencontre de
la science fidèle et du dilettantisme sceptique :
qu'en sortirait-il ? les âmes chrétiennes atten-
daient.

Quelle consolation !... Elles entendent le premier
des savants du siècle parler d'*infini*, de *surnaturel*,
de Dieu et proclamer (c'est sa conclusion et ce
sera l'épitaphe de sa tombe marquée de la croix) :

> « Heureux celui qui porte en soi
> « Un Dieu, un Idéal de beauté,
>   « Et qui lui obéit !
> « Idéal de l'Art, idéal de la Science,
>   « Idéal de la Patrie,
> « Idéal des vertus de l'Evangile ! »

Charles-Adolphe WURTZ

DE L'INSTITUT.

Alors que la *Chimie moderne* s'enseignait déjà, sous la forme atomique, en Allemagne, en Italie, en Angleterre, certaines résistances empêchaient l'enseignement universitaire d'en bénéficier en France où elle était-née. Heureusement Strasbourg où avait brillé Gerhardt l'initiateur (1), Strasbourg alors français donna à Paris Adolphe Wurtz (2) qui, à l'Ecole de Médecine quelque peu indépendante, importa la notation atomique et changea la face de l'enseignement. Ce ne fut pas sans luttes que la réforme s'étendit à toutes nos écoles, mais enfin la théorie atomique triompha, grâce surtout aux publications de Wurtz: *Traité de chimie moderne, Leçons de philosophie chimique, Dictionnaire de Chimie.* L'auteur força les portes de la Sorbonne et y vint occuper la chaire de chimie organique.

L'âme ardente de Wurtz, où brûlait un feu sacré communicatif, s'est plus d'une fois manifestée à travers les matérialités de sa science de prédilection. Présidant le Congrès de l'Association française pour l'avancement des sciences, à Lille, en 1874, il ouvrit les séances par un magistral discours sur la « *Théorie des atomes dans la conception générale de l'univers* »; la péroraison fut cette belle et éloquente affirmation spiritualiste:

(1) Gerhardt remettait en vigueur une hypothèse d'Ampère, précédé lui-même par Avogadro, Dalton, Epicure.
(2) Auteur de deux découvertes capitales et fécondes : les glycols et les ammoniaques composées (amines).

« Quant aux causes premières, elles demeurent inaccessibles (aux sciences spéciales). Là commence un autre domaine que l'esprit humain sera toujours empressé d'aborder... En vain la science lui aura révélé la structure du monde et l'ordre de tous les phénomènes: il veut remonter plus haut, et, *dans la conviction instinctive que les choses n'ont pas en elles-mêmes leur raison d'être, leur support et leur origine, il est conduit à les subordonner à une cause première, unique, universelle, Dieu* ». (A. F. A. S. — Lille 1874, p. 23).

———

III

NATURALISTES

Georges CUVIER

(1769-1832)

Au premier rang des puissants génies qui ont constitué en *sciences exactes* les différentes parties de l'Histoire naturelle, se dresse comme un colosse le principal fondateur de l'*Anatomie comparée* et de la *Paléontologie animale*, Georges Cuvier. Peut-être a-t-on rabaissé trop ses émules; mais, en relevant ceux-ci, la postérité ne saurait diminuer celui-là.

Nous n'avons pas à juger ses travaux; nous avons seulement à recueillir son témoignage philosophique. Or Georges Cuvier ne s'explique pas la nature sans un Dieu créateur qu'il nomme respectueusement « l'*Etre des êtres, Celui en qui et par qui sont toutes choses* ». (Cf. P. Flourens, *Vie et Intell.,* p. 264).

Pour lui, « le mot *Nature* n'est qu'une manière abrégée et assez amphibologique d'exprimer les êtres et leurs phénomènes... On voit, ajoute-t-il,

combien sont puérils les philosophes qui ont donné
à la nature une espèce d'existence individuelle, dis-
tincte du Créateur, des lois qu'il a imposées au
mouvement, et des propriétés ou des formes données par Lui aux créatures, et qui l'ont fait agir (la
nature) sur les corps comme avec une puissance et
une raison particulières... Quelques physiologistes
ont seuls conservé l'usage de ce mot, parce que,
dans l'obscurité où la physiologie est encore enve-
loppée, ce n'était qu'en attribuant quelque réalité
aux fantômes de l'abstraction qu'ils pouvaient faire
illusion à eux-mêmes et aux autres sur la profonde
ignorance où ils sont touchant les mouvements vitaux...

« Nous concevons donc la nature, conclut-il, sim-
plement comme une production de la *Toute-puis-
sance* (1), réglée par une *Sagesse* dont nous ne découvrons les lois que par l'observation ». Cf. P.
Flourens, ibid., p. 267-268).

(1) Meilleure serait la formule : « La *Nature est l'œuvre de Dieu,
et les lois de la nature* sont la formule de *l'action ordinaire de
Dieu.* » C. L. G.

J.-B. P.-A. De MONET De LAMARK
DE L'ACADÉMIE DES SCIENCES.
(1744-1820)

La gloire de Lamarck se projette sur deux siècles. Quand le XIX° s'ouvrit, ce savant appartenait
depuis 21 ans à l'Académie des Sciences comme bo-
taniste; sa *Flore française* très remarquable et sa
collaboration à l'*Encyclopédie méthodique* lui
avaient fait une réputation universelle et bien mé-
ritée. Mais vers l'âge de 50 ans, il dut, la Révolution aidant, accepter une chaire dont personne ne
voulait au Muséum et laisser les plantes pour les
animaux inférieurs (les *invertébrés*, comme on les
nomme depuis lui). Il lui fallut créer en quelque
sorte la science qu'il devait enseigner. Du travail
incessant de ce vieillard sortirent la « *Philosophie
zoologique* » et le « *Système des Animaux sans
vertèbres* ». Ce dernier ouvrage, « immédiatement
intelligible pour tous, fut immédiatement admiré
de tous », dit Isidore Geoffroy Saint-Hilaire. Mais
le premier souleva des tempêtes. Trop dénigré
alors, trop exalté aujourd'hui, il attendra encore
longtemps un jugement tout à fait impartial et
compétent.

Ce que nous tenons à relever, ce sont les nombreux et courageux témoignages rendus par Lamarck aux vérités spiritualistes.

Pour lui, l'ordre de la nature vient de l'« *Auteur suprême de toutes choses* » et la nature « n'est
elle-même que l'ordre général et immuable que ce
sublime Auteur a « créé en tout, l'ensemble des
lois auxquelles cet ordre est assujetti. » (*Phil. zool.*

t. I, p. 113). Grâce à de « sages précautions, tout
se conserve dans l'ordre établi... Tout ce qui paraît
désordre, anomalie rentre sans cesse dans l'ordre
général et même y concourt; *et partout, et toujours,
la volonté du suprême Auteur de la nature et de
tout ce qui existe est invariablement exécutée.* »
(Ibid. p. 101).

Pour lui encore, l'homme, bien que son corps
puisse être conçu comme une modification de celui
des animaux, l'homme a une « *origine différente* ».
(Ibid., p. 357).

« L'homme seul, dit-il ailleurs (1), a senti la
nécessité de reconnaître une cause supérieure...
Seul il a élevé sa pensée jusqu'à l'Auteur suprême
de ce qui est, jusqu'à Dieu. »

Il va plus loin encore dans son ouvrage capital,
l'*Histoire naturelle des animaux sans vertèbres
(Paris, 1815-1822,* 7 vol.), où il dit: « L'homme
ayant su s'élever jusqu'à l'Être Suprême par sa
pensée, à l'aide de l'observation de la nature ou par
d'autres voies, *cette grande pensée a étayé son es-
pérance et lui a inspiré des sentiments religieux
ainsi que les devoirs qu'ils lui imposent.* » (p. 290,
t. I).

(1) Système analytique des connaissances positives, Paris, 1830.

Etienne GEOFFROY-SAINT-HILAIRE

(1772-1844)

G. Cuvier a été comparé au lion à la marche pru-
dente et assurée, Etienne Geoffroy St-H. à l'ai-
gle (1) au vol audacieux, presque téméraire. Ils
ont débuté ensemble et fraternellement, mais les
généralisations hardies, parfois prématurées et pro-
phétiques de Geoffroy éloignèrent de lui Cuvier et
finirent par l'impatienter. L'Académie retentit
alors de leurs débats qui passionnèrent tous les esprits cultivés. Du fond de l'Allemagne, Gœthe, au
bord de la tombe, applaudissait aux arguments de
Geoffroy et parlait de « *révolution de l'esprit humain* ».

P. Flourens, admirateur de Cuvier et son succes-
seur à l'Académie des Sciences, disait fort justement devant celle-ci : « Dans ce débat, la discussion réelle était celle de deux philosophies, la
philosophie des faits particuliers et celle des idées
générales. Leur lutte n'avait pas commencé avec
Aristote et Platon, et elle n'a pas fini avec Cuvier
et Geoffroy. Ce qui fait l'attrait de ces grands problèmes, c'est que l'esprit humain s'y croit toujours
au moment de toucher à un terme, qui recule toujours.

« Quand Cuvier publia ses *Leçons d'Anatomie
comparée*, l'admiration fut universelle. De grands
résultats, de grandes lois, aussi certaines qu'inat-
tendues, étonnèrent tous les esprits. La même main

---

(1) Ed. Perrier. — Phil. zool. av. Darwin, p. 126.

qui fondait *l'anatomie comparée* en faisait sortir
une science plus neuve encore, la science des êtres
perdus (la Paléontologie)... Cependant, après les
vues générales et supérieures, était venue l'étude
des détails... La moisson des grandes idées semblait
épuisée.

« Alors un génie nouveau s'élève, original,
hardi, d'une pénétration infinie. Il remue toute la
science et la ranime. Il rajeunit le fait par l'idée.
A l'observation exacte il mêle la conjecture. Il
ose. Il franchit les bornes connues; et, par delà ces
bornes, il pose une science nouvelle: *l'anatomie
philosophique.* » (C. R. Acad. Sc. *Eloges hist.* t. 23,
p. XXI et XXII).

Tandis que Cuvier voyait surtout les différences,
Geoffroy voyait surtout les ressemblances. « Il se
définissait lui-même l'homme d'un seul livre; il
aurait dû dire d'une seule idée: *l'unité de composition* (1).

« Buffon avait noté qu'il existe (entre les êtres)
une *conformité constante*, un *dessein suivi*, une
ressemblance cachée plus merveilleuse que les différences apparentes. « Il semble, écrivait-il que
l'Etre suprême n'a voulu employer qu'une idée, et
la varier en même temps de toutes les manières
possibles ».

« *L'unité de dessein, de plan, d'idée*, vue par
Buffon, le fut après lui par Vicq-d'Azyr, par Cam-
per. Etienne Geoffroy la vit à son tour, mais d'une
vue originale, neuve, profonde... » Avant lui, on

_____

(1) J.-B Dumas disait sur la tombe de Geoffroy : « Cette unité
de composition... la botanique s'en est emparée. Elle pénètre
maintenant dans les sciences chimiques et y prépare peut-être
une révolution dans les idées. »

n'étudiait bien que l'être achevé, adulte; il chercha lui, l'explication des formes adultes dans les développements embryonnaires. Il montra l'unité de composition dans les stades jeunes et il ramena à cette unité les monstres eux-mêmes (1).

Etienne Geoffroy est donc l'initiateur du changement de front qui s'est fait dans les sciences de l'organisation pendant la seconde moitié du XIXᵉ siècle et qui s'accentuera dans le XXᵉ; l'étude du développement a fait passer au second plan l'étude des formes terminales (adultes). La Paléontologie également a commencé à quitter les voies de Cuvier pour entrer dans celles de Geoffroy. C'est donc bien, comme l'avait prévu Gœthe, une révolution de l'esprit humain qui s'est opérée.

Or le génie initiateur de cette révolution grandiose appartient au plus pur spiritualisme. Conquis à la science par l'abbé Haüy (qu'il devait sauver ainsi que treize autres prêtres, des massacres de 1792), introduit par sa recommandation au Muséum, Etienne Geoffroy y cachera durant quinze jours, dans sa propre famille, l'Archevêque de Paris (Mgr de Quélen) poursuivi par les émeutiers de 1830. Ce n'est pas qu'il soit dévot, mais il est honnête et généreux parce qu'il croit à Dieu et à l'immortalité de l'âme. Il termine ainsi l'un des chapitres de sa *Philosophie anatomique* (t. II, p. 449): « Arrivé sur cette limite, le physicien disparaît, l'homme religieux seul demeure pour partager l'enthousiasme du saint prophète et s'écrier

---

(1) En tératologie, Et. Geoffroy « a débrouillé le chaos et donné le fil d'Ariane. »

(Dʳ Princeteau — Thèse d'agrégation.)

avec lui: *Cœli enarrant gloriam Dei...; laudamus Dominum* ».

Dans la préface de ses « *Etudes progressives d'un naturaliste* », après avoir établi que l'Ecole du Muséum doit faire la philosophie de ses collections, il a un souvenir pour ses efforts personnels dans ce sens et, reconnaissant envers Celui qui inspire tout bien, il lui renvoie l'honneur des services peut-être rendus et s'écrie: « Gloire à Dieu ! »

« L'unité de plan dans les êtres créés témoigne, avant tout de l'unité de leur cause ». Par cette formule renouvelée de Newton (1), la *Bibliothèque médicale* couronnait une analyse des travaux d'Etienne Geoffroy, qui s'empressa de souscrire (Cf. *Monstruosités*, p. 499 et 550).

De l'homme, notre savant parle dans les termes les plus élevés: « L'homme, dernier né de la création des six jours, en est le plus éclatant produit... L'apparition de l'homme sur la terre coordonne et achève le sublime arrangement des choses... Ainsi Dieu s'est donné un actif et puissant ministre dans l'administration de l'ordre créé par son éternelle Sagesse ». *(Dictionnaire de la Conservation,* t. 31 p. 487 et suiv.).

M. de Quatrefages a donc bien raison d'écrire qu'Etienne Geoffroy était « profondément religieux. » On achève de s'en convaincre en lisant ses dernières paroles qu'Isidore Geoffroy, son fils et continuateur, nous a conservées (Cf. *Vie et travaux d'Et. G. St-H.).*

Malade et retenu loin de ses amis, il écrit: « Dieu a voulu cette douleur! » (p. 411, note).

(1) Laplace en fit lui-même la remarque à Geoffroy: « Vous pensez comme Newton. »

Mourant, il dit à sa fille: « Nous nous reverrons! » — à sa femme: « Ayons confiance dans la Providence! » (p. 413 et 414).

Ses funérailles, suivies par 2.000 personnes, furent religieuses; pourtant à son tombeau (cimetière du P. Lachaise) manque l'image de la croix qui l'eût mieux gardé que les deux Ibis Egyptiens, vains symboles de gloire là où sont attendues miséricorde et résurrection.

P.-S. — Toute la biographie d'Et. Geoffroy est à lire. On y verra comment, à Alexandrie, il sauva de la rapacité du vainqueur les collections scientifiques de l'*Institut d'Egypte*, et comment, en Portugal, il fit bénir la science française. Chez lui, le cœur égalait le génie; il se fait encore aimer par delà le tombeau.

Henri-Marie Du CROTOY De BLAINVILLE
(1778-1850)

Disciple, puis rival de Cuvier, de Blainville lui succéda dans la chaire d'Anatomie comparée en 1832. Esprit vigoureux et original, un peu indiscipliné, qui s'était donné à la science après une jeunesse orageuse, il chercha sa place entre Cuvier et Geoffroy, prenant à l'un sa rigueur minutieuse, à l'autre ses élans. Cependant il n'entra pas assez dans la vraie voie indiquée par le second, l'étude des développements, clef de l'explication des formes. La paléontologie naissante l'accablait d'ossements à déterminer, en même temps qu'auraient suffi à l'absorber ceux des collections d'anatomie comparée. Il s'attela donc avec une fureur opiniâtre à ces travaux d'Hercule sans gloire et fut un des plus laborieux ouvriers de la science. Il dut fuir les hommes et se laisser taxer d'égoïsme (1).

Dieu lui accorda comme compensation d'ouvrir son âme à la foi. Trop fier pour cacher ses convictions, il en vivifia ses leçons déjà si chaleureuses. Un jour il eut cette échappée: « Le monde créé est régi par deux sortes de lois; les unes régissent le monde physique, les autres le monde moral. Ces deux sortes de lois ont une même fin, la perpétuelle harmonie de la création... Le monde physique et le monde moral sont faits l'un pour l'autre... Qu'on retranche les lois qui régissent le monde sidéral, ce sera le retour au chaos!... Qu'on supprime les

_____

(1) Notamment par son obligé Auguste Comte.

carnassiers, le résultat sera la multiplication bientôt prodigieuse de tous les herbivores, le ravage
presque général du règne végétal, l'équilibre har-
monique détruit, la disparition de la vie sur le
globe.

« La violation des lois morales a des résultats
analogues. Prenons pour exemple la loi qui com-
mande la tempérance... La première suite de sa
violation est l'abrutissement de l'intelligence et la
consomption de l'organisme... De là résulte la des-
truction de l'individu coupable. Qu'une famille per-
pétue dans son sein cette cause terrible de destruc-
tion, la loi morale sera bientôt vengée par l'extinc-
tion des coupables. — Que toute une société se
rende coupable de la même violation, et la vie bientôt s'épuisera en elle.

« Qu'on médite avec attention, et surtout qu'on
pratique les enseignements des grands ascétiques
formés par le christianisme; on y trouvera une psy-
chologie profonde, et l'art de prévenir les maladies
morales, comme celui de rétablir les âmes dans leur
état normal, lorsque cela est encore possible ».
(*Histoire des sciences de l'organisation*, t. III,
p. 141-143).

Antoine DUGES

DE L'INSTITUT

(1797-1838)

M. Edmond Perrier, de l'Institut, Directeur du
Muséum, a consacré tout un chapitre de sa *Philosophie zoologique avant Darwin* à un Professeur
de la Faculté des sciences de Montpellier fort oublié
aujourd'hui et qu'il déclare « un des hommes les
plus éminents de son siècle », dont le nom « pourrait être mis à côté de ceux de Lamarck et de Geoffroy ». Il s'agit d'Antoine Dugès, auteur d'un *Mémoire sur la conformité organique dans le règne
animal*, où est tenté un essai de conciliation des
idées de Cuvier avec celles de Geoffroy St-Hilaire
et même de Blainville.

Nous n'exposerons ni ne jugerons la thèse de Dugès; *a priori*, nous pouvons dire que toute synthèse
était prématurée, tant que l'étude des développements n'était pas faite. Mais puisque Dugès mérite
d'être placé près de Lamarck et de Geoffroy, nous
sommes heureux de noter qu'il fut comme eux *spiritualiste*. « L'éminent naturaliste de Montpellier,
dit M. Ed. Perrier (1), voyait dans le mode de cons-
titution qu'il attribuait aux animaux *la réalisation
d'un plan conçu par une Intelligence créatrice* et
nullement la conséquence des lois naturelles domi-
nant une lente élaboration des organismes. » En
bon philosophe qui ne se paye pas de mots, Dugès
voulait une *Force* à l'origine, sachant bien que *les*

---

(1) Colonies animales, Préface, p. VIII, 1⁰ éd. — Paris, Masson, 1881.

lois n'agissent pas et ne sont rien de plus que *les formules de l'action des forces*. Les spiritualistes mettent en action des *forces directrices* et peuvent ainsi expliquer les évolutions; les matérialistes mettent en action des mots quand ils nous parlent de lois naturelles, et ils n'ont rien pour diriger l'emploi des énergies mécaniques en jeu dans la *matière, inerte par définition*.

Richard OWEN

On l'a justement surnommé le *Cuvier anglais*. Disciple en effet de Georges Cuvier, il a rendu comme lui à l'ostéographie actuelle et paléontologique des services inappréciables, plus solides il est vrai qu'éclatants, vraies substructions de la science, fondements cachés sur lesquels on bâtit sans penser à les louer. Imbu aussi cependant des idées de Geoffroy St-Hilaire, il a travaillé avec zèle à dégager l'*unité de plan*, l'*idée créatrice* des Vertébrés. Malheureusement le squelette l'absorbait comme la plupart de ses contemporains, et ce n'est pas la charpente qui peut donner la clef des organismes. Son *squelette archétype* donc reste une curiosité intéressante, rien de plus.

Mais les efforts désintéressés vers la possession de la vérité montent à Dieu comme une prière, et Dieu y répond par des lumières supérieures à celles qu'un désir de gloire humaine fait chercher. Owen n'a pas vu sans doute la vraie pensée créatrice, mais il a vu du moins le Créateur et il l'a affirmé avec l'autorité du savant.

« *L'unité du dessein*, dit-il, *nous conduit à l'unité*

*de l'Intelligence qui l'a conçu. » (Principes d'os-
téologie comparée*, p. 11).

Traitant de l'origine des espèces, il dit: « L'espèce ne doit rien au concours *accidentel* des conditions environnantes, pas plus que l'ensemble de
l'univers, le cosmos, ne dépend de la rencontre for-
tuite des atomes. *Un plan arrêté* de développement
et de transformation, de corrélations et de dépen-
dances réciproques, *mettant hors de doute l'action
d'une volonté intelligente, se reconnaît* dans la
succession des races, aussi bien que dans le développement et l'organisation de l'individu ». (Cf. Quatrefages: *Emules de Darwin*, t. II).

Et plus loin: « Je crois que le cheval a été pré-
destiné et préparé pour l'homme ». C'est reconnaître et prouver par un exemple saisissant l'*Intention providentielle* (1) qui explique les successions
géologiques.

Quant aux « causes secondaires ou lois naturelles » de la succession des espèces, Owen avoue
l'ignorance des savants à leur égard, mais les considère comme « *les ministres de la Toute-Puis-
sance divine* », et ce sont ces ministres qu'il voit
« personnifiés sous le terme de Nature ». Sous
l'action donc de la Cause première créatrice et des
causes secondes exécutrices, il voit la création
« avancer à pas lents et majestueux, à la lumière
de l'archétype (2) au milieu des ruines des mondes

(1) Le Prof. Albert Gaudry dira : « C'est sous la direction du
Divin Ouvrier que les espèces poursuivent leur évolution à travers les âges. » (Cours de Paléont. au Muséum — leçon d'ouverture, 1868).

(2) Tout en sacrifiant la forme archétype conçue par Owen, la
science n'a aucune raison d'abandonner l'*Idée créatrice* qui pré-
side au déroulement de l'œuvre de Dieu. L'étude des développements n'est autre que sa recherche.

antérieurs, depuis l'époque où l'idée vertébrale s'est manifestée sous sa vieille dépouille ichthyique, jusqu'au moment où elle s'est montrée sous le vêtement glorieux de la forme humaine ». (*Princ. d'ost. comp.*, p. 11).

Le Docteur A. SERRES

DE L'INSTITUT

1787-1868

Dans la nouvelle salle d'anatomie comparée des vertébrés, au Muséum de Paris, une noble pensée de reconnaissance a fait placer en évidence les bustes des cinq principaux fondateurs: au centre, Georges Cuvier; aux angles, Etienne Geoffroy, Henri de Blainville, le Dr A. Serres et enfin Paul Gervais. Il se trouve que ces éminents naturalistes sont, tous les cinq, spiritualistes, et, qui plus est, chrétiens.

Le Dr Serres, un peu oublié, a cependant un titre de gloire impérissable. Il fut le Christophe Colomb d'un principe admirablement fécond, dont Fritz Müller n'est que l'Améric Vespuce. Défendons nos gloires nationales et rendons à Serres ce qui est à Serres. C'est lui qui a donné à l'Anatomie comparée et à la Paléontologie le premier développement justifié d'une idée d'Etienne Geoffroy demeurée en germe. Ses formules devaient recevoir des retouches, comme l'œuvre de Colomb demandait d'être complétée, mais qu'importe ? Serres n'a-t-il pas dit le premier: « l'organogénie humaine est une ana-

tomie comparée transitoire », et « la série animale
n'est qu'une longue chaîne d'embryons jalon-
née d'espace en espace, et arrivant enfin à
l'homme (1) ». On n'a eu qu'à améliorer l'expression de ces vues géniales pour dire avec la science
actuelle: l'*embryogénie répète la phylogénie* (Fr.
Muller et E. Hæckel), et la *Paléontologie n'est
qu'une vaste embryogénie* (A. Gaudry). Evidem-
ment, comme tous les proverbes, ces formules sont
des à peu près qu'on améliorera encore. Ne ridiculi-
sons donc pas celles de Serres en leur faisant dire
plus que l'auteur, qui savait bien que l'homme n'est
oiseau ni poisson à aucun stade de son développement, mais esquisse en passant ce que d'autres types
fixent et perfectionnent. M. Edmond Perrier est
plus juste quand il écrit: « Serres est, sans contre-
dit, le savant qui fit le plus d'efforts pour mettre en
relief les liens étroits qu'il pressentait entre l'embryogénie, l'anatomie comparée et même la mor-
phologie extérieure des animaux (2) ».

En même temps, le Dr Serres fondait la collec-
tion anthropologique qui devait prendre sous
M. de Quatrefages de si beaux développements. Il
dut les premiers crânes antiques à la générosité de
M. l'abbé Frère, ancien Professeur de Sorbonne et
chanoine de Notre-Dame de Paris.

Avant d'entrer au Muséum (1839), le Docteur
Serres était médecin en chef de l'hospice de la Pitié
depuis 1822. Dans les sanglantes journées de juin
1830, il y vit arriver un de ses confrères le Dr Cail-
lard, Médecin de l'Hôtel-Dieu, qui lui confia que

(1) Serres — Anatomie transcendante, 1892, t. I., p. 91.
(2) Ed. Perrier — Phil. zool. av. Darwin, p. 259.

l'Archevêque de Paris, Monseigneur de Quélen, était réfugié à l'hôpital de la Salpêtrière voisin de la Pitié et que l'émeute l'y cherchait avec des cris de mort. Serres ouvrit chez lui un asile au noble persécuté et le cacha 24 heures; puis, l'émeute venant battre sa porte, il remit le vénérable prélat à son voisin et ami Etienne Geoffroy qui le garda quinze jours dans sa propre famille. Ainsi trois hommes de science se dévouèrent alors pour sauver le représentant de la religion; c'est le meilleur témoignage que la science et la foi peuvent vivre ensemble et s'accorder.

Paul GERVAIS

DE L'INSTITUT

(1816-1879)

Professeur à Montpellier d'abord, Paul Gervais fixa si bien l'attention du monde savant par ses travaux d'anatomie comparée et de paléontologie qu'il fut rappelé à Paris, sa ville natale, pour monter dans la chaire de Cuvier. Il y apporta le même zèle laborieux et le même spiritualisme élevé. De son zèle les collections témoignent amplement; de ses convictions spiritualistes voici la meilleure preuve.

Obligé d'abandonner le *Règne humain* d'Isidore Geoffroy Saint-Hilaire, pour classer l'homme, quant à son corps, dans le groupe des Mammifères, Paul Gervais ne méconnaît ni la supériorité organique, ni la supériorité morale de ce « maître de la création ».

Il sépare l'homme des autres Mammifères non seulement comme espèce, mais aussi comme genre. « Le genre que l'homme constitue, dit-il (1), se distingue de tous les autres genres d'êtres par des caractères qui le placent fort au-dessus d'eux. » Et, avec la précision parfaite du savant maître de son sujet, il burine d'un trait ferme les caractères anatomiques et physiologiques qui font de l'homme « la plus haute expression de l'organisation, le plus parfait des êtres doués de la vie ».

Il mentionne aussi les « caractères moraux qui distinguent l'homme et lui assignent des destinées

(1) Eléments de Zoologie. — Paris, Hachette, 2ᵉ éd. 1871.

si différentes de celles de toutes les autres créatures. » Il ne juge pas à propos d'empiéter, lui
naturaliste, sur le terrain du psychologue, mais il
souligne pour celui-ci que « le cerveau humain
présente dans ses diverses régions, surtout dans
celle qui est spécialement affectée aux fonctions
de l'intelligence, une supériorité tout à fait propre à notre espèce. » Et, tandis que les matérialistes s'efforcent de faire prendre une relation
d'harmonie pour une relation causale en renver-
sant l'ordre de préexistence, Paul Gervais, comme
de Blainville, ne reconnaît dans le cerveau que
« *l'instrument de l'intelligence.* » (Ibidem, p. 317).

On peut regretter que, dans la seconde moitié
du XIXᵉ siècle, l'opinion ait prévalu parmi les naturalistes qu'il fallait abandonner aux philosophes toute étude des manifestations de l'âme.
L'homme cependant ne saurait se scinder en deux
moitiés dont l'une pourrait se comprendre sans
l'autre. Nous avons espoir que le XXᵉ siècle verra
le retour à la tradition des grands naturalistes philosophes et des grands philosophes naturalistes.

———

C'est bien à regret que nous omettons ici d'autres
noms illustres tels que ceux de **P. Flourens, d'Isidore Geoffroy Saint-Hilaire, de Gratiolet**, etc.,
dont les professions de foi spiritualistes ont retenti dans les grandes chaires et devant les Académies. Mais nous devons nous borner et nous ar-
rêter seulement aux formules qui offrent un point
de vue nouveau.

Louis AGASSIZ

DE L'INSTITUT DE FRANCE ET DE LA SOCIÉTÉ ROYALE
DE LONDRES

(1807-1873)

Célèbre en Europe par ses études magistrales sur
les *Poissons fossiles* et sur les *glaciers*, Louis Agassiz est devenu illustre en Amérique par l'impulsion qu'il y a donnée aux laboratoires et aux Uni-
versités. Fils d'un pasteur protestant Suisse, il
eut une formation spiritualiste solide, dont il ne
renia pas les principes en devenant une des lumières de la science.

Dans son *Essai sur l'espèce et la classification*, il
écrivait : « L'ordre, l'arrangement que nos études
constatent dans les choses et que nos systèmes es-
saient de formuler, ne sont pas des vues de notre
esprit, mais la preuve qu'une *Intelligence suprême*
a présidé à l'établissement des choses. — *Nos systèmes ne sont, en vérité, que la traduction dans la
langue de l'homme des pensées du Créateur* ». Ce
qui revient à dire: *l'ordre du monde, c'est la pensée de Dieu*

Dans une conférence faite à New-York (1), il
mettait ses auditeurs en présence des progressions
et ascensions que la Paléontologie constate en remontant les couches du sol et il demandait comment certaines formes paraissaient avoir été per-
fectionnées, tandis que d'autres avaient gardé jusqu'à
nos jours leur infériorité primitive. « Je ne con-
nais, répondait-il, ni force physique ni agent natu-

(1) Voir *Revue scient.*, 28 fév. 1874.

rel capable de produire de semblables résultats.
Mais je sais que l'*Esprit* peut l'accomplir. Je sais
que lorqu'un auteur veut matérialiser les résultats
de l'œuvre de son esprit, il peut le faire à toutes
les phases de perfection, et de telle sorte que ces
souvenirs soient l'évidence de son progrès gra-
duel... il a le pouvoir, — peut-être pour en conser-
ver la mémoire, — de mettre les œuvres de ses premiers jours à côté des productions de ses années
plus avancées. — Or c'est précisément ce que nous
lisons dans le livre de la nature. Nous avons les
premières manifestations d'un *Pouvoir créateur,*
nous avons ses dernières et plus hautes productions (1) ».

Puis, prenant corps à corps le grand problème, il
demande: « Est-ce parce que la nature a éprouvé
des changements successifs que les animaux et les
plantes ont fait leur apparition, ou bien ces changements physiques ont-ils été dirigés de façon à
préparer la demeure des êtres vivants ? Le monde
physique a-t-il produit le monde organique, ou un
Pouvoir intelligent a-t-il gouverné le tout de manière à rendre les conditions physiques telles, que
les êtres vivants pussent trouver une demeure appropriée à leur développement ? L'homme a-t-il
apparu sur la terre parce que la terre était devenue
telle, ou la terre a-t-elle été préparée pour
l'homme ?... Les *Reptiles* ont été appelés à l'existence juste au moment où la terre émergée fut assez

(1) Nous citons textuellement, sans juger. Nous préférerions
lire : Dieu, durant les six jours où il *travaillait* à développer
notre monde terrestre, a réalisé des ascensions dans son œuvre,
sans faire disparaître les types primitifs moins perfectionnés; de
sorte que le monde actuel nous offre des êtres rappelant les
étapes des ascensions et du perfectionnement.

vaste pour les recevoir. Les *Oiseaux* apparaissent au moment où l'atmosphère a été épurée par la flore houillère. Il s'agit de savoir si l'enlèvement du carbone de l'atmosphère a été la cause de la venue des oiseaux et des mammifères, ou bien si la marche de la nature a été conduite par une *Intelligence admirable* de sorte que, à un certain moment, l'atmosphère épurée pût permettre d'appeler à l'existence les types d'êtres supérieurs? »

Le problème étant ainsi posé de la façon la plus franche et la plus claire, Louis Agassiz donne les bases scientifiques de ses croyances spiritualistes et c'est sous le titre: *Preuves d'un Esprit divin.* Écoutons-le:

« Les causes physiques sont actuellement ce qu'elles étaient jadis. Les agents physiques et chimiques agissent aujourd'hui comme ils ont agi depuis l'origine... Or les animaux qui ont existé à diverses époques et qui offrent entre eux les différences les plus multiples peuvent-ils être le résultat de causes qui ne varient pas, qui procèdent toujours de la même manière ?... Il n'est pas logique d'attribuer la diversité qui existe parmi les êtres vivants à des causes caractérisées par l'uniformité de nature et l'uniformité d'action. — Je ne puis concevoir qu'une seule cause possible, *c'est l'intervention de l'Esprit.* Nous savons parfaitement bien comment agit l'esprit humain, combien il est libre, et nous reconnaissons dans ses manifestations le sceau de ce qui se manifeste de lui-même... Pourquoi n'aurions-nous pas quelque chose de semblable dans la nature ?

« L'esprit n'est pas une manifestation de la matière, c'est quelque chose qui en est indépendant;

sa liberté est sans limites... C'est avec cette étendue et d'une manière semblable que je conçois l'intervention de l'Esprit dans la production d'êtres
vivants pendant tous les temps (géologiques), sur
un plan disposé (établi) et suivi depuis l'origine, en vue d'une fin qui est l'homme... Cette
tendance vers l'homme est manifestée par la
gradation que nous observons à travers toutes
les époques... *Les diverses formes dont nous trouvons les restes* (dans les couches géologiques) *ont
été les degrés par lesquels il a plu au Créateur de
mener le règne animal pour le conduire jusqu'à
l'homme.* Il a créé l'homme à sa propre image, il
l'a doué d'un esprit analogue au sien... Si nous
n'étions pas faits à l'image du Créateur, si nous ne
possédions pas une étincelle de cet *Esprit divin*...
comprendrions-nous la nature ?... C'est parce que
nous avons des liens qui nous rattachent au monde
physique et animal et au Créateur lui-même que
nous pouvons lire le monde et comprendre qu'il
vient de Dieu ! » *(Rev. scient.,* 28 fév. 1874).

P.-J. Van BENEDEN

DE L'INSTITUT

Nous trouvons la même notion d'un « *plan éternel et préconçu* » sous la plume du *Cuvier Belge,*
l'éminent Professeur de l'Université catholique de
Louvain, P. J. Van Beneden, dont le jubilé professoral a attiré les hommages de toute l'Europe
savante.

« Pour notre part, écrit-il (1), nous ne pouvons

(1) Préface de Commensaux et Parasites, p. 13-14 — Paris, Germer Baillière.

nous défendre de l'idée que la Terre a été préparée pour recevoir successivement les plantes, les animaux et l'homme. Dès les premières élaborations que Dieu a fait subir à la matière, Il avait évidemment en vue celui qui, un jour, devait s'élever jusqu'à Lui et Lui rendre hommage. »

« Quand on voit le poulain, à peine né, gambader et trouver le lait de sa mère; le poussin au sortir de l'œuf, chercher sa becquée; le caneton, sa flaque d'eau, peut-on trouver ailleurs que dans l'instinct la cause de ces actes, et cet instinct » n'est-ce pas la direction (l'impulsion) de l'*Esprit créateur ?*

« Le statuaire qui malaxe l'argile pour en faire sortir une maquette, a conçu (déjà) la statue qu'il va produire. Il en est ainsi de l'Artiste suprême. Son plan, de toute éternité, est présent à sa pensée; il exécutera l'œuvre en un jour, en mille siècles. Pour Lui le temps n'est rien: l'œuvre est conçue, elle est créée; chacune de ses parties (successives) n'est que la réalisation de la pensée créatrice, son développement réglé dans le temps et dans l'espace ».

Et l'auteur fait siennes ces paroles de Oswald Heer (1): « Plus nous avançons dans la connaissance de la nature, plus est profonde notre conviction que la croyance en un Créateur tout-puissant et en une Sagesse divine, qui a créé le ciel et la terre, selon un plan éternel et préconçu, peut seule résoudre les énigmes de la nature comme celle de la vie humaine. Continuons à élever des statues aux hommes qui ont été utiles à leurs semblables

---

(1) In « Le Monde primitif ».

et qui se sont distingués par leur génie; mais n'oublions pas ce que nous devons à Celui qui a mis des merveilles dans chaque grain de sable, un monde dans chaque goutte d'eau. »

Théodore SCHWANN (1)

(1810-1882)

Ce nom est attaché pour toujours à trois découvertes capitales:

1º Celle du ferment de la digestion stomacale, la *pepsine*,

2º Celle de la nature organisée (vivante) de la levure de bière et des germes de l'air (2).

3º Celle enfin du noyau dans les cellules animales et de l'origine cellulaire de tous les tissus animaux. La *théorie cellulaire* allait en sortir pour renouveler toutes les sciences biologiques.

Illustre avant l'âge, Th. Schwann fut recherché à 29 ans comme Professeur d'anatomie par l'Université Catholique de Louvain qui le garda 10 ans, et d'où il passa à l'Université de Liège. Celles de Breslau, Wurtzbourg, Munich, Giessen, en cherchant vainement à se l'attacher, donnèrent la

(1) Né à Neuss, près de Dusseldorf, dans la Prusse Rhénane, alors rattachée à l'Empire français; mort à Cologne. Il étudia à Berlin sous Johannés Müller, qui le prit comme aide d'anatomie. C'est de J. Müller que l'illustre Helmholtz a dit : « Quand on s'est trouvé en contact avec un homme de premier ordre, toute « l'échelle des conceptions intellectuelles est modifiée pour la vie. »

(2) Le grand Louis Pasteur, écrivant à Th. Schwann pour son jubilé professoral (1878), disait avoir « parcouru quelques-uns « des chemins ouverts par lui, et signait': « l'un de vos... disciples et admirateurs. »

preuve de sa haute renommée. Louvain qui avait pris les devants avait désiré recruter un anatomiste « à la fois pieux et savant », dit le physiologiste Léon Frédéricq (1) qui a succédé à Schwann dans la chaire de Liège. L'attente fut comblée, car le nouveau professeur avait gardé les traditions profondément religieuses de sa famille. Son frère aîné, le chanoine Peter Schwann, enseignait la théologie. Lui-même, l'anatomiste Schwann qui repoussait le vitalisme et voulait « expliquer les phénomènes vitaux comme ceux de la matière inerte », n'en était pas moins spiritualiste et croyant. Il proclamait déjà à Berlin « *la finalité dont témoigne la nature entière* », mais il « *préférait en chercher la cause dans le Créateur et non dans la créature.* » Chez l'homme, alors déjà il admettait *un principe immatériel, conscient et libre.*

Peut-être a-t-il trop méconnu les âmes inférieures qu'Aristote accorde aux plantes et aux animaux et que Saint Thomas d'Aquin accepte; pour l'homme du moins, il a été éclairé par sa propre conscience quand il écrivait: « L'homme est libre. Ce fait de la liberté humaine, que nous constatons directement par la conscience, étant admis, il s'ensuit nécessairement que l'organisme humain renferme une force qui se distingue de toutes les forces de la nature par sa liberté. Car une combinaison de forces non libres, quelque compliquée qu'elle soit, ne peut engendrer une liberté réelle. » Cf. *Bull. Acad. sc. de Belgique*, 1870).

_____

(3) Auteur d'une notice à laquelle nous empruntons les éléments de notre article (Cf. Rev. scient. 24 mai 1884).:

Henri MILNE-EDWARDS

DE TOUTES LES ACADÉMIES DU MONDE.

(1800-1885)

« Le nom d'Henri Milne Edwards restera parmi
ceux des premiers naturalistes français du XIXᵉ siècle ». Ainsi parlait devant l'Académie des sciences,
le 21 décembre 1891, le secrétaire perpétuel
M. Berthelot, faisant gloire à son héros d'avoir in-
tronisé dans les théories de l'organisation le principe de la *division du travail.* « C'est l'honneur de
Milne-Edwards d'avoir montré toute la portée de
ce pri   ipe et d'en avoir suivi les applications avec
une fi. sse d'aperçus, une logique de méthode, une
force de déduction incomparables. »

Il était délicat pour un athée point naturaliste
d'avoir à louer un spiritualiste convaincu, si compétent en biologie; la vérité arracha des aveux tem-
pérés par d'habiles réserves : nous nous contente-
rons des aveux.

Ainsi le savant chimiste du Collège de France
souscrit à une formule de Milne Edwards quand il
déclare ceci (1): « On voit que la fonction existe
avant l'organe. Loin d'en être le produit, c'est elle,
au contraire, qui va le façonner pour une destination donnée ». Un philosophe de profession, un
naturaliste de métier se seraient demandé comment
une abstraction peut exister avant son concret et
façonner une réalité pour une destination qu'une
intelligence seule peut prévoir. Milne-Edwards du
moins croyait à une Intelligence suprême et toute-

(1) Cf. Rev. scient. 2 janvier 1892, p. 10, 1ʳᵉ col. fin.

puissante, capable de prévoir les fonctions, capable
de les assigner et répartir en *divisant le travail*,
capable enfin de façonner de mille manières l'organe en vue de la fonction. D'avance il avait écrit
cette réponse à son panégyriste: « *En présence de
tels faits, on doit s'étonner qu'il puisse encore se
trouver des hommes pour nous dire que les merveilles de la nature sont de purs effets du hasard
ou des conséquences forcées des propriétés de la
matière* ».

Oui, la *division du travail* prouve une *Intelligence qui distribue*, comme la *sélection* prouve une
Intelligence qui choisit (une *Providence*, dit le bon
sens), comme la *fonction préexistant à l'organe*
prouve une *Intention créatrice* présidant aux développements. Voilà la forteresse inexpugnable du
spiritualisme !

Parlant des « grands problèmes soulevés par
l'étude de la vie, de son origine et de ses manifestations », M. Berthelot dit : « Peut-être pour-
rait-on reprocher à Milne-Edwards d'avoir parfois manqué d'audace dans la discussion de ces
vastes questions: son esprit sagace et mesuré se
portait de préférence vers les solutions moyennes.
Certes, il ne refusait pas de reconnaître l'évidence
des faits et des relations d'origine que la **géologie**
nous révèle; mais *il ne voulait pas s'engager dans
la voie conjecturale des systèmes et des théories par
lesquels on a cherché à expliquer les descendances
animales*. Tout en reconnaissant cette vérité que
les animaux actuels dérivent des animaux qui ont
vécu dans les temps géologiques, il se hâte d'ajouter que *nous ne saurions expliquer la production*

*d'êtres susceptibles de réaliser une forme spécifique
nouvelle et aptes à la transmettre.* S'il déclare en
propres termes qu'« il ne saurait s'associer à ceux
qui représentent la Divinité comme pétrissant de
ses mains la matière brute pour réaliser l'idée préconçue de tel ou tel être organisé, et insufflant dans
cette machine encore inerte le principe de la
vie », par contre, il ajoute aussitôt que « *les propriétés connues de la matière, soit inerte, soit vivante
lui semblent insuffisantes pour donner un tel résultat, et que l'intervention d'une puissance supérieure lui paraît nécessaire.* »

Les enfants qui apprennent l'histoire sainte
savent fort bien que le Créateur, pur esprit, n'a pas
de mains pour pétrir l'argile, ni de bouche pour
insuffler, et que ces comparaisons ne doivent pas
être prises à la lettre. La pensée qu'elles mettent
en relief est précisément celle à laquelle souscrit
Milne Edwards, à savoir que pour façonner avec de
la matière inerte un corps humain il faut une Puissance intelligente, supérieure, et que, pour ani-
mer ce corps, il faut un principe qui émane de cette
Puissance et qui participe à quelque chose de ses
perfections.

Non sans tristesse, M. Berthelot conclut: « En
somme, Milne-Edwards demeure fidèle à la conception d'autrefois qui regarde la vie comme « une
force organisatrice de la matière pondérable...
Il ne s'est pas associé à ces vues nouvelles de notre
temps qui assimilent l'évolution de la vie à celle
d'une flamme permanente, c'est-à-dire à une apparence purement cinématique, à un certain système
de mouvements coordonnés, centralisés par des

conditions purement mécaniques dans une direction unique et entretenus par la consommation
d'une énergie indépendante de cette direction
même ». (Ibidem, p. 9).

Quelle logomachie! Voilà bien ce qui s'appelle
définir *obscurum per obscurius!*

Nous préférons avec Milne-Edwwards nous en
tenir à la conception d'autrefois, parfaitement
claire et compréhensible, de l'*Eternellement Vivant* créant la vie participée et d'une âme immaté-
rielle présidant, sous la direction de Dieu, à l'emploi des énergies mécaniques et physico-chimiques
en jeu dans la matière dont est formé   corps.

NOTE. — Henri Milne Edwards, né dans le protestantisme,
a reçu les honneurs funèbres et les prières de son culte à l'Oratoire du Louvre. Mais, ayant épousé une femme catholique, il
avait loyalement fait élever ses enfants dans la religion de leur
mère. Le plus célèbre de ceux-ci fut Alphonse Milne-Edwards,
de l'Institut, Directeur du Muséum, qui, spiritualiste comme son
son père, est mort en bon catholique. Il eut, durant sa dernière
semaine, l'assistance d'un évêque missionnaire (Mgr. Leroy) que
des études sur l'histoire naturelle de l'Afrique avaient mis en
relation avec lui.

Armand De QUATREFAGES

DE L'INSTITUT.

(1810-1894)

Disciple, puis collaborateur de H. Milne-Edwards, M. de Quatrefages était déjà célèbre par ses
belles contributions à la zoologie, lorsqu'il monta
dans la chaire d'anthropologie du Muséum. Il prit
à tâche de reviser tout ce qui avait été publié sur
l'homme actuel et préhistorique, de faire son *histoire naturelle;* ses leçons en furent un « admirable résumé »; elles resterent longtemps le répertoire
où chacun viendra puiser.

Ces études mirent notre savant en face des deux
plus grands problèmes de la nature et les plus discutés de son époque: l'origine des espèces et l'origine de l'homme. On sait comment il rappela aux
faits l'intempérance matérialiste qui croyait tout
expliqué par le principe de la *sélection naturelle*.
Darwin reconnut la valeur de ses jugements et disait: « qu'il aimait mieux être critiqué par M. de
Quatrefages que loué par tout autre. »

« *Spiritualiste convaincu, c'est dans toute la sincérité de son esprit qu'il cherchait la vérité* ».
Ainsi parle de M. de Quatrefages, son ancien élève,
Alphonse Milne-Edwards, directeur du Muséum.
Mais si notre savant avait ses convictions, il ne les
mêlait pas aux discussions scientifiques, lesquelles,
à ses yeux, devaient ne s'appuyer que sur l'obervation et l'expérience (1). Aussi serait-il difficile de
citer un témoignage spiritualiste extrait de ses
écrits, sous sa propre affirmation du moins (car il
cite volontiers ceux des savants qu'il juge). Cependant il n'a pu s'empêcher d'en rendre un solennel
à la dignité de l'homme. Proclamant très haut
l'immatérialité de l'âme humaine, il discerne deux
caractères qui lui sont propres, lorsqu'il constate
par l'observation que l'homme s'élève au-dessus de
tous les animaux par le *sentiment moral du devoir*
et par le *sentiment religieux*. Et ce double caractère lui paraît tellement transcendant qu'il se croit
obligé avec Isidore Geoffroy Saint-Hilaire de créer,
pour la seule espèce humaine (1), le *Règne humain*.

(1) Cf. Rev. scient. 12 juillet 1890, p. 39, fin.
(2) L'unité de l'espèce humaine a été prouvée par M De Quatrefages mieux que par tout autre.

Claude BERNARD

SA MORT CHRÉTIENNE

Le plus grand physiologiste du siècle a rendu au spiritualisme le suprême témoignage d'une mort chrétienne. Ce génie supérieur, ce poursuivant désintéressé de la vérité avait réservé dans son âme un sanctuaire où les matérialistes, nombreux parmi ses élèves et admirateurs, n'avaient point pénétré. « Il importe, avait-il dit, de séparer la physiologie des grands problèmes qui tourmentent l'esprit humain; leur étude relève de méthodes absolument différentes. » Le Dr J. Béclard qui citait ces paroles devant l'Académie de Médecine (19 mai 1885) ajoutait ceci: « Sur un fragment écrit de sa main, nous lisons encore: « *La science ne saurait rien sup-* « *primer; le sentiment n'abdiquera jamais: il sera* « *toujours le premier moteur des actes humains* (1) ».

Claude Bernard n'avait pas oublié les premières leçons reçues au presbytère de sa paroisse natale, Saint-Julien en Beaujolais. Il revenait chaque année à son berceau et y retrouvait les souvenirs d'une enfance chrétienne. C'est là qu'il se réfugia dans sa grande maladie de 1866 et qu'il écrivit, convalescent privé de son laboratoire, l'ouvrage immortel où le savant se révéla philosophe: l'*Introduction à l'étude de la médecine expérimentale*. Là, il échappa à certaines influences doctrinales regrettables; là, il ressentit à distance l'âme chrétienne

(1) Béclard, Notice sur Cl. Bernard, p. 22. — Paris, Masson, 1885.

de Pasteur qui choisissait cette heure d'épreuve pour louer ses travaux.

De retour à Paris, il eut bientôt la douleur de voir s'éloigner de lui sa femme et ses filles, que l'idée des *vivisections* révoltait dans leur sensibilité. Son isolement le livra alors aux entreprises des matérialistes qui purent lui surprendre quelques paroles dont ils firent trophée. Mais il suffit de l'intervention opportune d'un auditeur intermittent de ses leçons pour faire incliner, à l'heure suprême, ce grand penseur du côté de la foi de son enfance. Il autorisa le R. P. Didon à mander le curé de Saint-Séverin (paroisse du Collège de France), et celui-ci conféra au grand savant les sacrements de l'Eglise. Ses funérailles furent religieuses et célébrées (dans l'Eglise Saint-Sulpice) aux frais de la nation en deuil.

Les ouvrages de Claude Bernard ne constituent pas un cours de philosophie spiritualiste; mais ils offrent une excellente base de discussion et souvent de bons fondements pour l'édifice. La sincérité du savant lui fait donner maintes fois le correctif à côté de formules trop absolues. Ainsi son fameux *déterminisme* laisse en dehors les *causes premières*. « Il ne faut pas confondre, dit-il, les *causes* et les *conditions*; tout est là. La matière n'est jamais cause de rien; elle n'est jamais que la condition... Le savant ne peut placer le déterminisme des phénomènes que dans leurs conditions, qui jouent le rôle de causes prochaines. Les causes premières sont hors de sa portée ». (*Physiol. générale.* Paris, Hachette, 1872, p. 326, note).

Il admettait également les *causes finales;* nous l'avons entendu de nos propres oreilles dire dans un cours public: « *Il y a des causes finales, c'est évident;* mais il ne faut pas se hâter d'en inventer ».

C'est surtout en face des phénomènes de développement que Cl. Bernard confesse les forces invisibles et *directrices.* « Quand on considère, dit-il, l'évolution complète d'un être vivant, on voit clairement que son organisation est la conséquence d'une loi organogénique qui *préexiste d'après une idée préconçue...* ibid. p. 177). Cette *puissance organisatrice* n'existe pas seulement au début de la vie...; elle poursuit son œuvre chez l'adulte ». (ibid. p. 178). — « Dans les corps vivants, les *forces directrices* ou *évolutives* des phénomènes sont *vitales,* tandis que leurs *forces exécutives* sont les mêmes que dans les corps bruts ». (ibid. p. 320 et note).

Et ailleurs: « Il y a comme un *dessin vital qui trace le plan de chaque être et de chaque organe.* Les actions chimiques et synthétiques de l'organisation et de la nutrition se manifestent comme si elles étaient *dominées par une force impulsive gouvernant la matière,* faisant une chimie *appropriée à un but* et mettant en présence les réactifs... à la manière du chimiste lui-même. — C'est cette puissance ou propriété évolutive qui seule constituerait le *quid proprium* de la vie. car il est clair que *cette propriété évolutive de l'œuf,* qui produira un mammifère, un oiseau ou un poisson, *n'est ni de la physique, ni de la chimie* ». *(La Science expérimentale,* p. 209 et suivantes).

Reste aux philosophes à nous expliquer ces *forces directrices, ordonnatrices, évolutives,* qui ne sont ni de la physique ni de la chimie; le philosophe spiritualiste a toute facilité de nous faire ici toucher du doigt l'action des *âmes* et de *Dieu.*

Louis-René TULASNE

DE L'INSTITUT

Les *Annales des Sciences naturelles* et les *Archives du Muséum* ont publié, de 1845 à 1875, de nombreux mémoires de Botanique signés de ce nom et portant la lumière notamment dans quelques-unes des plus obscures familles de la mystérieuse classe des Champignons. Le grand public les a ignorés, mais les connaisseurs en ont apprécié la haute valeur.

En s'enfonçant dans ces souterrains de la Botanique, Tulasne découvrit des merveilles profondément cachées aux yeux de ses contemporains et eut des jouissances bien supérieures à celles des artistes et des lettrés. « Simple et pur contemplateur de la nature, candide admirateur de l'œuvre divine », il recueillit les miettes du festin servi à l'intelligence de l'homme par l'Auteur de la nature. Et, reconnaissant envers Celui qui a semé sous nos pas tant de merveilles dédaignées ou méconnues, il chanta au Créateur de véritables hymnes que notre époque légère et distraite ignora, mais que la postérité redira avec lui. N'est-il pas touchant de rencontrer à la fin d'une préface d'un livre scellé, sur quelques obscurs champignons *(Selecta fungorum carpologia)*, ces lignes trop peu lues: « Et maintenant, va au grand jour, petit livre, et, autant qu'il est en toi, travaille à ce qui fait l'objet de tous nos vœux, à faire mieux connaître la Providence divine, plus visible dans les plus humbles objets, et à célébrer les louanges du suprême Ouvrier! »

La Bibliothèque de l'Institut catholique de Paris possède, pour la partie botanique, de véritables trésors où, pendant plusieurs heureuses années, nous avons personnellement puisé à pleines mains. C'est à la générosité de M. Tulasne que ces trésors sont dus; c'est sa propre bibliothèque, léguée à l'œuvre catholique qui lui a semblé la plus capable de chanter après lui la gloire du Créateur en épelant ses ouvrages. Nous tenions à acquitter une dette de reconnaissance envers ce Bienfaiteur; on nous excusera donc d'avoir consacré une page à un nom plus aimable que célèbre, à un travailleur plus méritant que connu.

Edmond HEBERT

DE L'INSTITUT

Professeur de géologie à la Sorbonne durant de longues années, M. Hébert a formé de nombreux disciples qui font honneur à leur maître.

Prudent et sage, il n'a pas comme tant de ses contemporains tablé sur les lacunes de la géologie et sur des hypothèses fantaisistes pour trouver en défaut les traditions spiritualistes qui avaient fait la grandeur d'âme de son pays. Au lieu de chercher des contradictions entre la science et la foi, il en a poursuivi la conciliation, l'a trouvée pour son compte et a eu le courage de la proclamer. M. le Comte de Champagny cite de lui ce beau témoignage:

« La science ne saurait conduire ni à l'athéisme, ni au matérialisme. Elle n'aboutit pas davantage au scepticisme ou à une confiance orgueilleuse dans l'intelligence humaine. S'il y a des tendances matérialistes dans notre société, elles reposent sur des illusions; elles ne peuvent germer que dans des esprits complètement absorbés par des études spéciales et qui oublient tout le reste du monde ».

Dans le même discours, M. Hébert rendait hommage « à la puissance et à la souveraine bonté du Créateur », il reconnaissait « l'insuffisance des forces de notre esprit pour éclaircir à elles seules certains mystères », mais il constatait que « l'homme, et lui seul, a reçu le pouvoir de s'élever jusqu'à l'intelligence de l'œuvre de Dieu ».

Joachim BARRANDE

PALÉONTOLOGISTE

(1800-1883)

Aucune contribution à l'étude des *terrains primaires* ne saurait égaler la royale publication qui a absorbé cinquante années de la vie de J. Barrande et qui se continue encore après sa mort. Il y a peut-être 100.000 dessins dans les 1.200 planches des 23 in-folios publiés du vivant même de l'auteur et par ses soins, — dessins étonnants de fini et d'exactitude.

Le Dr Waagen, un de ses continuateurs et lui-même paléontologiste éminent, appelle J. Barrande un « grand homme », et sa vie « une grande vie consacrée tout entière à la Science, à la Foi et à la Fidélité ».

Ancien élève de l'Ecole polytechnique, appelé à enseigner les sciences avec l'illustre Cauchy au

prince de Chambord exilé et retiré en Bohême, ce
fut grâce aux libéralités de son royal élève, à celles
de l'Empereur d'Autriche et des grandes Sociétés
savantes que Barrande put éditer son immortel
« *Système Silurien de la Bohême* ».

On peut dire de cet ouvrage ce que le Professeur
A. Gaudry disait de l'*Iconographie des Crinoïdes*
d'Angelin : « On n'en tourne pas sans admiration
les pages... *L'œuvre équivaut au plus beau can-
tique que l'on pourrait composer en l'honneur du
Créateur* ».

Arrivé au terme de sa laborieuse vie, J. Barrande écrivit pour son grand ouvrage des *Actes
de reconnaissance*, remerciant tous ceux aux-
quels son travail devait quelque chose. — Pouvait-il
oublier l'Auteur même des merveilles dont il retrouvait les vestiges ? Non. — Son âme chrétienne
s'est donc épanchée et quelque peu dévoilée à nous
dans ces lignes simples et sublimes comme une
prière:

« En terminant ces pages destinées à acquitter
de douces obligations, nous cédons au besoin d'exprimer un sentiment dont la bienfaisante influence
a vivifié nos études. C'est le sentiment mêlé d'admiration et de reconnaissance qui pénètre et charme
celui qui découvre ou contemple une partie quel-
conque des œuvres du Créateur. Nous nous borne-
rons cependant à cette brève manifestation qui
devrait être silencieuse pour rester mesurée aux
humbles proportions de la sphère de nos travaux.
Celui dont nous parlent les pierres, nous lit d'en
haut, au fond de notre cœur. » (Préface, p. VII).

Albert GAUDRY

DE L'INSTITUT

« Un jour viendra, disait J. Barrande, où quelque homme de génie, saisissant l'ensemble des données (paléontologiques), en fera jaillir, sur la science de la Terre, toute la lumière que Newton, muni des observations antérieures, a jetée sur la science des cieux ». *Syst. Silur. de la Bohême* (vol. I p. XXX).

Sans doute ce grand génie attendra pour réaliser sa synthèse que plus de matériaux soient rassemblés. Mais des précurseurs lui prépareront la voie et mettront quelque ordre provisoire dans les matériaux déjà accumulés au chantier. Tel aura été le rôle utile et glorieux de l'éminent Professeur de paléontologie au Muséum, Albert Gaudry. Il a classé la splendide galerie que l'on sait et il a donné comme guide pour la parcourir ses « *Enchaînements du monde animal dans les temps géologiques* ».

Dans ce splendide ouvrage, il montre comment « *sous la direction du Divin Artiste, tout se coordonne, se pénètre, s'enchaîne à travers les espaces et les âges* ». (t. II, p. 300).

Il croit, c'est vrai, à une évolution, mais sous la main et par la main du Créateur: « les personnes, dit-il, même peu disposées en faveur de l'évolution, doivent reconnaître qu'en plusieurs choses le Créateur a procédé comme si l'évolution avait été dans sa pensée ». (Op. cit. — vol. *Foss. secondaires*, p. 7):

Avec Et. Geoffroy Saint-Hilaire, il aperçoit, dans la variété des êtres, l'unité de plan qui est la marque de leur commun Auteur: « L'histoire du monde, dit-il, nous révèle une unité de plan qui se poursuit à travers tous les âges, annonçant un *Organisateur* immuable ». (*Paléontologie philosophique*, p. 211). — Et ailleurs: « La recherche du plan de la Création, voilà le but, vers lequel nos efforts peuvent tendre aujourd'hui ». (*Ench*ts. — *Foss. prim., p. 3*).

La simplicité des moyens par lesquels le Créateur varie son œuvre étonne en face des résultats: « Ici se montre un organe en apparence chétif ou inutile; là se détruit un organe qui semblait fécond; mais ces naissances, ces hypertrophies et ces atrophies ne sont que les *évolutions par lesquelles le Divin Artiste conduit à bien toute la nature* ». (*Enchaînements. — Mamm. tertiaires*).

Quant au lien qui unit les formes variées dont la Paléontologie constate la succession, M. Gaudry pense que Dieu a procédé par voie de filiation et « a produit les êtres des diverses époques en les tirant de ceux qui les avaient précédés ». (*Ench.ts-Foss. prim., p. 3*). Notre savant préfère se représenter « un Dieu qui ne connaît ni nuits, ni réveils, et développe toute la nature d'une manière continue. »

Ce n'est pas notre but de louer ou blâmer les vues particulières de M. A. Gaudry; nous avons voulu seulement prouver par ces citations que la science paléontologique la plus avancée peut se concilier sans peine avec la foi spiritualiste, bien mieux trouve en elle des lumières précieuses, une sorte de couronnement. « S'il y a évolution, disait Mgr d'Hulst, Dieu est encore plus nécessaire ». Telle que la conçoit M. A. Gaudry, l'*évolution* a une *cause* et la démontre, de sorte que, loin de servir la négation matérialiste, elle devient une nouvelle et triomphante preuve de l'existence de Dieu.

CONCLUSION

C'est vous, bienveillant lecteur, qui tirerez la conclusion.

Car nous arrêtons ici la première partie de notre travail, un peu brusquement comme sur une pierre d'attente. Il y a tant de noms, en effet, que nous aimerions ajouter à cette liste !

Mais si incomplet que soit ce défilé de témoins, il suffit à justifier la science du XIX⁰ siècle du reproche de matérialisme et d'impiété.

Quel sera le témoignage du XXᵉ siècle ?

Si, comme le pense M. Brunetière, le respect humain va en diminuant, nous entendrons, ou du moins vous entendrez (je vous le souhaite) d'autres voix de savants se joindre au concert de louanges que le génie a toujours chanté au Créateur.

« Un peu de science, a-t-on dit, éloigne de la vraie philosophie ; beaucoup de science y ramène». Le commencement du nouveau siècle tâtonnera peut-être encore, en tournant parfois le dos à la lumière ; mais la fin sera réparatrice. Car ce siècle va entrer dans l'étude des actions moléculaires et tirer au clair, chez les corps vivants, les structures et fonctions cellulaires, les associations et les développèments. Il ne sera plus possible de se leurrer avec des *lois* et des *propriétés de la matière*. Il faudra mettre en présence la *matière inerte* et les *forces actives*. Il faudra avouer, bon gré mal gré, les *directions*, les *finalités*, les *intentions* (1); et les esprits non aveuglés confesseront les *causes directrices, intelligentes, prévoyantes,* c'est-à-dire les *âmes* et *Dieu*.

Il nous plaît, à une époque si sombre, d'entrevoir cet avenir si consolant. Il y aura encore, il y aura toujours, hélas! des aveugles volontaires et des myopes; mais leur demi-science trompera seulement qui voudra être trompé. Vienne bientôt l'heure de lumière et de salut!

Nous éprouvons une intime consolation à signer ces lignes le jour où l'Eglise fête les Saints inconnus. Parmi eux, nous en avons la confiance, il y a des savants du XIX\e siècle, et notamment beaucoup de ceux dont le témoignage nous a édifiés. Ils ont confessé Dieu hier devant les hommes; Dieu les confesse aujourd'hui devant ses anges et devant ses saints.

C. L. GUILLEMET

Ancien professeur de biologie

Souvigny (Allier), 1er novembre 1903.

(1) Déjà, dans sa belle *Thèse*, sur les *épithéliums ciliés*, M. P. Vignon a mis en évidence l'*intentionnalité* des mouvements vibratiles.

36-1904. — PARIS, IMPRIMERIE A. HATIER
15, rue de l'Abbé-Grégoire, 15

www.ingramcontent.com/pod-product-compliance
Lightning Source LLC
Chambersburg PA
CBHW070132100426
42744CB00009B/1808